JN188305

自治体丸ごと学びを変える、加賀市の挑戦

BE THE PLAYER

島谷千春
加賀市教育委員会教育長

教育開発研究所

はじめに

「公立学校は本当に変われるのか。」

当初、私のなかに答えも自信もありませんでした。

私は、「加賀市の公立全小・中学校の教育を抜本的に変える」というミッションを背負って、突如縁もゆかりもない石川県加賀市の教育長になりました。任期はたった2年半。そして2年後には、加賀市は全国各地から学校関係者などがひっきりなしに訪れる場所へと大きく変化を遂げました。

なかなかむずかしいと思われていた「自治体全域で公立学校がスピード感を持って変わる」ということを間近で見届けるという希少な経験をし、残された任期もわずかとなるなか、ここまでのプロセスがふわふわした気体のまま、時が経って消えてしまうのはもったいない、一度ちゃんと言語化して残しておこうと思いました。
それが、加賀市の先生たちの次のステージへの踏み台になったらいいなという思いと、「変わりたい、変えたい」と思っている全国の先生や学校関係者の仲間たちにとっても、加賀市のみんなと歩んできたプロセスを可視化することは何か少しでも後押しになるかもしれないという思いがありました。

もちろん地域によって、自治体の規模、学校数、風土・歴史、子どもや家庭環境、保護者の意識、政治状況、大事にしてきた教育観などは違います。教育はこういった無数の要素が織り成しつくりあげられるものです。ですから、本書でお話しすることが他の地域にとってどこまで汎用性があるのかはわかりません。ただ、同じ思いを持つ人にとって、普遍性や通底する何かがあるのではないかと思っています。

「どうやったらこの短期間にここまで変えることができたのか」と、多くの方からご質問をいただきます。答えは「チーム加賀市として壮大な団体戦がやれたから」ということに尽きるのですが、そうなるように戦略的に意図してやってきたこともありますが、組織として、開拓精神と柔軟さを持ち合わせ、現場の温度感を常に感じながら、試行錯誤や軌道修正を高速で回し続けてきたことの方が寄与する割合としては大きいかもしれません。

そして、ふりかえってみると、教育の世界を取り囲む「こうあるべき」という見えない呪縛に抗《あらが》ってきたことは、変化を起こすことができた大きな要素になっているような気はします。その呪縛から解き放ち、加賀市の子どもたちの「学びを変える」ために進めてきた「5つのデザイン戦略」について言語化していきます。

一貫して私たちが意識してきたのは、「これまでとは違う」ということが、加賀市の教育をとりまく人たちに、実際に目に見えるようにデザインしてきたことです。チーム加賀市としてデザインしてきた5つの要素、①ビジョン、②コミュニケーション、③教員研修、④授業・学びの空間、⑤広報・PRについて、各章でくわしくお話ししていきます。

今なら迷わず答えることができます。

「公立学校は変わることができる。必ず。」

目次

第4章 授業デザイン・学びの空間デザイン

第5章 広報・PRデザイン

終章

序章

課せられたミッション

このお話の舞台は石川県加賀市です。石川県最南端に位置し、福井県と隣接している人口約6万2千人（2024年12月現在）の自治体です。2024年3月には、北陸新幹線が金沢から敦賀まで延伸したことにより、3つの温泉地を抱える加賀市にとって、長年の悲願である北陸新幹線加賀温泉駅も開業しました。

しかし加賀市でも、人口減少に苦しみ、2014年には日本創生会議から「消滅可能性自治体」の指定を受けました。日本の自治体の半分以上がこの指定を受けているわけですが、住んでいる人が減るということは、その場所がなくなることを意味します。なんとか、消滅可能性自治体を脱却し逆転劇を起こしたいという一心で、加賀市はスマートシティを目指し、民の力を集積させ、全国に先駆けたデジタル政策などを次々に展開し、国からデジタル田園健康特区の認定を受けるなど、勢いのある街です。

旗振りをしているリーダーは、宮元陸加賀市長。観光一択から脱却し、新産業創出や産業構造を変えていくために、一番本質的なところは学校教育や人材育成であり、就学前・小学校時代から教育を抜本的に変え、未来の産業創出につながる創造性や行動力を持つ子どもたちを育てることが、時間はかかるが一番の近道だという宮元市長の強い信念で、市の政策の一丁目一番地に「教育・人材育成」が掲げられています。

教育は成果が出るまでに時間がかかります。選挙権を持つ市民の年齢構成を考えると、正直、選挙の票にはつながらない分野です。それでも教育・子育て支援への積極的投資を最重要事項として掲げ、「教育に贅沢はない」ということがモットーの加賀市長の政治的リーダーシップのもと、加賀市の教育改革の幕が上がることになりました。

そんななか、加賀市はもちろん北陸地方とはこれまで縁もゆかりもなかった私でしたが、今回旗振り役として、文部科学省から加賀市の教育長として就任することになりました。課せられたミッションは、ただ一つ。

「加賀市の公立全小・中学校の教育を抜本的に変える」ということ。

レアキャラ教育長

教育長って何をする人なのかご存知の方はそう多くはないと思います。そもそも皆さんが住んでいる町の教育長はどんな人なのか顔が浮かびますか。おそらく一保護者であるぐらいだと、男女の別も、年齢も、風貌も想像がつかない方がほとんどだと思います。教職員の皆さんであっても、大きな自治体だとあまり教育長と接点もないと思うので、はっきり名前が言えない人も多いかと思います。教育の世界に近めの私であっても、東京に住んでいるときは、自分の子どもが通う学校を管理している教育長のお名前もお顔も存じ上げませんでした（ごめんなさい！）。

各自治体には、教育委員会が設置されており、学校教育のほかにも、文化・スポーツ・生涯学習などを担当しています。その行政組織を束ねる長として「教育長」が存在します。法律では、教育長は、人格が高潔で、教育行政に関し識見を有するもののうちから、地方公共団体の長が、議会の同意を得て、任命することになっています。人格高潔ってなんじゃい？って感じですが、私がそうであるかどうかはさておき、この程度のざっくりとした資格要件なんです。

2023年5月1日現在で、全国に1、729人の市町村教育長が存在していますが、最も多い属性としてのイメージは、「元教員で校長先生を経験した定年退職後の男性」です。平均年齢は64・3歳、女性教育長は全体の6％に過ぎません。さらに50歳未満の教育長は0・6％という構成なので、私はかなりのレアキャラ設定です。ここのところ、40歳を超えてからは、若いと言われることも少なくなってきたのに、教育長に就任したとたんに、若い～と喜ばれたり、若造め～って渋い顔をされたり、不思議なものです。

それにしても今の時代、ここまで多様性のない職業もなかなかの珍しさですよね。県内各市町の教育長が大集合する会議が年に3、4回あるのですが、一人だけパソコンを開いて、メモをとったり、資料を確認したりと、ごく普通のことをしているだけでも、だいぶ気まずさがあるという、この世界では風変わりな雰囲気を私はいつも醸し出しています。

私を支えてくれている部下の男性職員と一緒に並んでいると、初見の方からは私は教育長に見られることはまずないので、名刺交換も後回しにされ、あとから「あ、申し訳ございません！　とてもお若いので……」と謝られることも多々ありました。

こんな物珍しいレアキャラが、ザ・保守王国と言われる石川県ではたして受け入れられるのだろうかという不安は正直ありました。イメージとして女性が活躍しづらい場所だろうからもっと開放的な場所の方が向いていると友人に心配されました。男の嫉妬ほど面倒なことはないから、とにかく妬《ねた》みを買わないようにというアドバイスも散々受けました。

いずれにしろ土地勘がなくあらゆる相場感がつかめなかったので、期待いっぱいのスタートという感じでも正直なかったのですが、横浜生まれ・横浜育ち・東京生活が長い私にとって初めての地方生活・教育長生活がこうしてスタートしたのでした。

就任当初は、地域のイベントなどに出ると慣れないあいさつをたくさんすることになり、そのつど、物珍しく品定めをされるようにジロジロと見られたものでしたが、当初あった漠然とした不安は杞憂に終わり、徐々に徐々に自分のキャラクターも出しながら、地域になじもうとしていきました。

教育長という仕事は、私にとってはこれまでの仕事と同じ教育行政フィールドではあるものの、完全に転職したような気持ちになるぐらい、これまでの職業経験がほぼ生かされない仕事だと今でも感じていますが、迷っている時間があったら手足を動かす、地域を知る、学校を知る、子どもを知る、と自分のお尻をたたいて、まずはぐるりと学校訪問からスタートしました。

着任前から大改革モード

私が教育長に就任する前から、「学校教育、大改革しますから！」と市長は市民の皆さんに言って回られていました。これ、けっこうハイプレッシャーなシチュエーションです。何事も期待値低めのスタートだとありがたいのですが、期待は高まる一方です。でもきっと、いや、絶対に、学校現場の先生たちは、何が始まるのかと戦々恐々だったと思います。

ちなみに、自治体では市長、副市長、教育長というのは、大きな権限と責任を与えられている「特別職」として、一般職の公務員の皆さんとは位置づけが少し異なります。また、市町村の教育委員会は、一般的に公立の小・中学校を所管しているので、私が責任を持つフィールドは、「公立小・中学校」となります。加賀市には、2022年の就任当時は、小学校17校、中学校6校、計23校の小・中学校があり、この学校を全部変えるということが私に課せられたミッションということになります。

「変えると言ったからには、市民の皆さんに、どう抜本的に教育を変えていくのか、わかりやすいビジョンを示そう」と宮元市長。普通の行政感覚だと、できそうにない夢物語みたいなことは行政計画には掲げない、というものです。私は、大学を卒業してから新卒で文部科学省に入省し、国家公務員として長年仕事をしてきました。国として大きな方針や指針をつくっていくなかで、最初は野心的なとんがったことが書かれていたとしても、実現ができそうにない場合、担当部署によって言葉が丸められたり、削ぎ落とされたりして、結局何が言いたいのかよくわからない文章になるという政策プロセスをたどることはよくあります。

でも、今回は可能か不可能かという問題ではなく、とにかく夢を掲げる、ビジョンを示す、決意表明する、ということを強く求められました。要は「覚悟」の世界だと。政治と行政の圧倒的な感覚の違いを自覚し、スイッチを切り替えないといけないと改めた瞬間でした。そこから、のちに私たちの学びの改革の道しるべとなる「加賀市学校教育ビジョン」づくりが始まりました。

スローガンは「BE THE PLAYER」

市民の皆様へ全戸配布した学校教育ビジョンの表紙には、デカデカとスローガン「BE THE PLAYER」が掲げられています。直訳すると、〝プレイヤーであれ〟という意味になります。

「待っていれば誰かが何かを教えてくれる。」

「待っていれば何をすべきか指示をしてくれる。」

そういうお客様状態から子どもを脱却させよう。

そして、「自分で考え　動く　生み出す　そして社会を変える。」

そんな人をみんなで育てていこう。それが必ず子どもたちの「今」も「未来」も幸せにすることにつながっていくはず。そんな願いが込められています。


「学びとは何か」、と聞かれたら皆さんはなんと答えますか。

私は「子どものもの」と即答します。子どもにとって学びが自分事にならない限り、学びは続いていきません。実現したいのは、圧倒的な「当事者性」と「自分事」になる世界です。


そして、想定外だったのは、このスローガンがあらゆる大人にも当てはまるものであったことでした。たとえば、地域やＰＴＡの人たちが、「子どもを支えるわれわれも、まずは自分たちからPLAYERになって子どもに姿を見せていこう」と言ってくれたり、まちづくりの人たちが「まちづくりもそれぞれが当事者・PLAYERでないとよくなっていかないから、われわれもBE THE PLAYERだ！」と共感してもらったりと、大人たちを巻き込む意味でも汎用性のあるいいスローガンでした。

そして何より重要なのは、教職員がBE THE PLAYERであることです。これがこの学びの改革を実現するための絶対条件であることを、その後身をもって知ることになります。こうして、明快なスローガンを旗に掲げ、私たちの学びの改革の旅が始まることになります。

学びを変えるための5つのデザイン戦略

ビジョンが出てから約2年間、私は各学校の学びの変容をずっと見届けてきました。中期的に見れば、この2年間は、0から1を生み出す新たな価値創造フェーズです。

教育長に着任する前日に退任の挨拶を考えたんです。「皆さんのこのチャレンジがこれからもずっと続いていきそうで安心して任せられます」と言いたいなと。当初から常に念頭にあったのは「持続性」でした。となると、「俺らがやった」「私がやった」と言ってもらえる人を増やして「団体戦」をやるしかないと、そう思っていました。

全体の動き方としては、ザクっと戦略を立てて、リソースを確保し、だいたいの道すじをザッとつけたあとは、とにかく走りながら試行錯誤や軌道修正を高速で回し続けてきた感じの2年半だったなとふりかえります。現場の些細《ささい》な変化を感じ取りながら、アジャイル（事前の計画策定を重視するより、短期間で実行とレビューを繰り返しながら、改善や新たな価値を創出するようなイメージ）に動いていきました。

公立学校が変わるために、最大の鍵になるのは、言うまでもなく子どもたちの学びの最前線に立つ「学校教職員」になります。公立学校がうまく時代の変化に乗り切れずに変われないのは、別に彼らが悪いわけでもなんでもなく、今の仕組みにむずかしさがあり、行動に移すまでの動機づけが十分ではないからだと思っています。相手に変わることを求めるのであれば、当然動かす側も変わらなければいけないですし、仕組みを変える必要があります。

そのため、従来の「教育委員会たるべきもの」「教育長たるべきもの」というようなあり方からはいったん距離を置くことにしました。意識的にそうしたというよりは、従来のやり方ではまったく動かないと実感することがあまりに多すぎたので、結果的に、「〝普通〟」、教育委員会がそういうことしないですよね、〝普通〟、教育長はそういうことしないですよね」みたいな状況が多く生まれただけです。

今回の改革の流れで終始一貫してこだわっていたのは、「デザイン性」です。できるだけわかりやすい言葉で、目に見えるかたちで、あらゆるものを届けていきました。そして、学校の先生たちにとって、目に見えるかたちで「これまでとは違う」ことを肌身で実感してもらい、「それだったらちょっとやってみようかな」って思ってもらえるような小さな動機を生み出せるようなステップを大事にしてきました。思っているだけでは何も伝わらない。とにかくデザインして見せて・魅せて・共感してもらえることを大事にし、そして、それに共感してくれた先生たちが、最高のクリエイティビティを発揮してデザインされた新たな学びの数々を生み出してくれました。

次章からは、加賀市の子どもたちの学びを変えるために、私自身や教育委員会のチームメンバー、学校教職員のみんなが「団体戦」で積み重ねてきた「5つのデザイン戦略」についてお話ししたいと思います。

第1章 ビジョンデザイン

この章では、加賀市の改革の道しるべとなっている「加賀市学校教育ビジョン」について解説します。どうやってビジョンをつくり、何をビジョンとして掲げ、どうビジョンを浸透させていったのかなど、お話しします。

学びを変える意味

そもそも人は変化を嫌います。今のままでありたいと願う現状維持バイアスは本能的なものであり、とくに困っていなければ、変える必然性も見当たりません。なので、何かを変えようとするときは、相応の理由と動機づけが必要になります。行動変容を求めようと思ったら、なおさら共感の域まで人の気持ちを持っていかないと動いていきません。

教育ビジョンが「変化」を目指すのであれば、なぜ、今、学びを変えていかなければならないのかについて明確に示す必要があるわけですが、学びの転換の必要性は、もう多くの人にさまざまな角度から論じていただいています。ですから、私が改めて長々と本書で説明する必要はないとは思っていますが、実際にビジョンを学校現場や地域・保護者の皆さんに説明するときには、この「なぜ?」のパートに半分以上の時間を割いていました。

とくに地域や保護者の皆さんには、学校や教育委員会が何を具体にやるかなんていうことを細々理解していただくことより、変わることをまずは許容してもらうことがゴールだと思って説明していました。ここで100%理解や納得までしてもらえなかったとしても、学校現場が変わっていくということを一定許容してもらえるレベルにまで持っていかないと、前に進めなくなってしまうので、ここは大事にしたいパートです。

学びの転換の必要性についての伝え方はいろいろありますが、私は、子どもの「未来」と「今」をどちらも幸せにするという2つの視点からお話をしてきました。

子どもの「未来」のこと

未来社会を考えたとき、人口減少、グローバル化、地球規模課題、情報社会、生成ＡＩの加速度的進展など、いろいろなワードが飛び交います。未来を語る国の政策文書でも、より新しい未来を見据えた政策展開をしていくために、より新しい概念を捉えようとするので、聞き慣れない横文字のオンパレードになります。これからの教育のあり方を考えるうえで、どれもものすごく重要な要素ですが、これを一つずつひもといて解説をしたとしても、聞いている保護者や先生たちが自分事と感じたり当事者意識を持ったりすることは非常にむずかしいと感じています。単に遠い世界で起きている出来事で終わってしまい、「自分事」にはなっていきません。

ただ、保護者の皆さんは、とくにこの子どもの「未来」をとても気にします。事後アンケートをとると、あとからお話しする「今」よりも「未来」に納得感を持つ感想の方が多いぐらいです。なので、できるだけ「グローバル化」とか「地球規模課題」というような階層には持っていかずに、保護者の皆さんや先生たちが目の前の自分の子どもの未来を具体に想像できるような視点で話すよう気をつけていました。また、自分の言葉は中学生にも理解できる内容なのか、ということは常にチェックしながら、「簡単に話す」ということをシンプルに心がけていました。なんだかこむずかしいことを話す人の話はやっぱり聞きたいとは思ってもらえないので。

あともう一つ、とくに学校向けに話すときに意識的に避けていたことは、「未来はこう変わるから学校も変わらないとヤバイよ！」とか「生成ＡＩに仕事が奪われるから教育が変わらないと子どもたちが将来無職になっちゃうよ！」などという不安を煽るような恐怖アプローチは使わなかったことです。もちろん、これらは真っ当で危機感を持ってやっていかないといけない話であり、企業経営者などが相手の場合だったりすると、こういう話の方が真剣に受け止めてもらえます。

ただ、学びの改革を進めていくというのは、圧倒的に「ポジティブ」なエネルギーと「クリエイティビティ」を引き出す必要があるので、ネガティブキャンペーンは不向きだなと感じています。不安を煽ったとしても、「よっしゃ、いっちょやってやろうぜ！」という前向きな機運は残念ながら生まれません。なので、国家公務員時代はこの手の話をたくさんしてきましたが、いったんこちらでは封印しました。

これまで、数え切れないくらい、ビジョンの説明の機会をとらまえては、子どもたちの

「未来」についていろいろなテーマで語ってみました。聞いてくれている人たちの表情を見ながらどんなテーマだと関心を持って聞いてくれるのか、さまざま試してみましたが、結果として、ベストセラー『LIFE SHIFT』(リンダグラットン著、東洋経済新報社)でも紹介されている人生100年時代のお話はわかりやすかったようでした。先生たちも学びを変えていく理由を子どもに説明するときに使っていましたが、きっとこれが子どもにとっても理解しやすくて納得感があったのだと思います。このテーマを扱うときは、私はこんなイメージで保護者や地域の皆さんにお話ししていました。

「皆さんのお子さんは、何歳まで生きると思いますか? 今の高校生(2007年生まれ)が、107歳より長く生きる割合はなんと50%です。子どもたちの人生の半分ぐらいしか私たちは見届けられないかもしれないですね。100歳以上生きるとなると、どんな人生を歩むことになるのか想像できますか?

ずばり『生き方』が変わると言われています。ついこの前まで、高校・大学を出て、終身雇用で同じ企業で働き続けて、60歳で引退して余生を過ごすという単純な『3《スリー》ステージモデル(教育・仕事・引退)』でした。でも今、周りを見渡してみると、終身雇用も崩壊し、むしろ社会からは多様な経験が価値と評価されています。今の若い人は一つの企業に長く勤める志向はほぼありません。すでに今も、私たちが子どもの頃にはなかった職業が生まれていたり、学び直して転職・独立したり、社会の変化に伴ってリスキリングしたり、副業もどんどん認められているので、ダブルワークをするなどさまざまな働き方をしている人たちが増えてきています。

そう、これからは、一生のうちにさまざまな職業や働き方、学び直しなどを経験する『マルチステージモデル』の人生に入っていきます。公務員も教員の世界も定年延長で、引退時期もどんどん後ろ倒しになっていて、60歳で引退できなくなりました。年金受給年齢もきっと引き上げられていくので、生涯働く時間が伸びていきます。

社会の変化の波に乗って、新しいことを楽しく学び続けて、好きなことや得意なことを生かしながら、どんどん新しい景色を見に行ける人生になるのであれば、すごく幸せなことですよね。親としては目先の受験とか、いろいろ気になることはあると思いますが、子どもたちの人生はとってもとってもこの先長いんです（１００歳までの数直線を見せる）。まだまだこんな入り口に子どもたちはいるんです。いい大学に行けば将来安泰なんて道はとっくに崩れています。

人口減少、グローバル化、地球規模課題、生成ＡＩの加速度的進展など目まぐるしく変わっていく未来は、正直この先どうなるのかよくわかりません。分かっているのは『変わり続ける時代』であるということです。そう、子どもたちには誰も経験したことがない世界が待っています。なので、私たち大人は全部子どもに教えることはもうできません。だから子どもたちがどんな未来に出会ったとしても、彼らの力で新しいことを学んで切り拓いていくしかありません。

『学び続ける力』『自ら学ぶ力』があったら、変わっていく社会に受け身で飲み込まれずに、波に乗っていけるようになります。

私たち世代が『勉強は修行・苦行で一夜漬け』でがんばってきたことは、今は生成ＡＩが全部やってくれる便利な世界になりました。学びはもっと深く、もっと楽しいものになっています。学びは本来楽しいものなんです。子どもたちが、学びって楽しいな、学ぶことは新しい世界に出会えることなんだなって、そういう感覚を持って大人になれると、どんな未来社会が訪れたとしても、きっと子どもたちの力で切り拓いていけるようになると思います。」

これくらいのトーンで、文字はほぼないイラストや写真のスライドで説明していました。新しく価値が創造される仕組みがこれまでの時代とは大きく違ってきているので、求められる思考・発想、一緒に仕事をする相手や組織、求められる力も同じく大きく変わってきています。教育が変わらなければならないのは明白です。

ただ、教育は、万人が経験しているある意味やっかいな分野です。自分の経験と子どもの経験を常に写し鏡にしながら大人は良し悪しを判断します。強烈に自分自身の経験に引きずられます。ですから、できるだけリアルにフラットに、自分の生きてきた時代と子どもたちが生きていく時代は違うということを実感してもらえるような説明ができると、少し納得感を生みやすかったなと、保護者の皆さんとお話ししていて感じていました。

自分の子どもが、将来困らないように幸せに生きていけるようになってほしいというのは、共通した親の願いです。近視眼的になるか、少し遠くを見てもらえるかで、子どもにとって大事だと思えることもずいぶん変わってきます。

子どもの「今」のこと

次は子どもの「今」のことです。ここは私にとっては、この学びの改革の根源的な部分にもなります。子どもが「今」置かれている状況と子どもが抱える学びの苦しさに向き合いながら、そもそも「子どもはみんな違う」ということを本気で考えたいと思っています。

そして、先生たちには「未来」より「今」の方が目の前の子どもたちの話として明らかに刺さりやすいので、学校現場にはこちらを強調して伝えてきました。

まず、多様化している教室の現状を共有してきました。ビジョンでは、**図1**のように教室の子どもが多様化している状況を表しました。前職の内閣府時代に担当した政策資料の図を引用して修正しています。

各省庁から縦割りで分野ごとに出される統計はさまざまあり、国全体の数字や平均値などが、「不登校34万人」「発達障害の可能性のあ

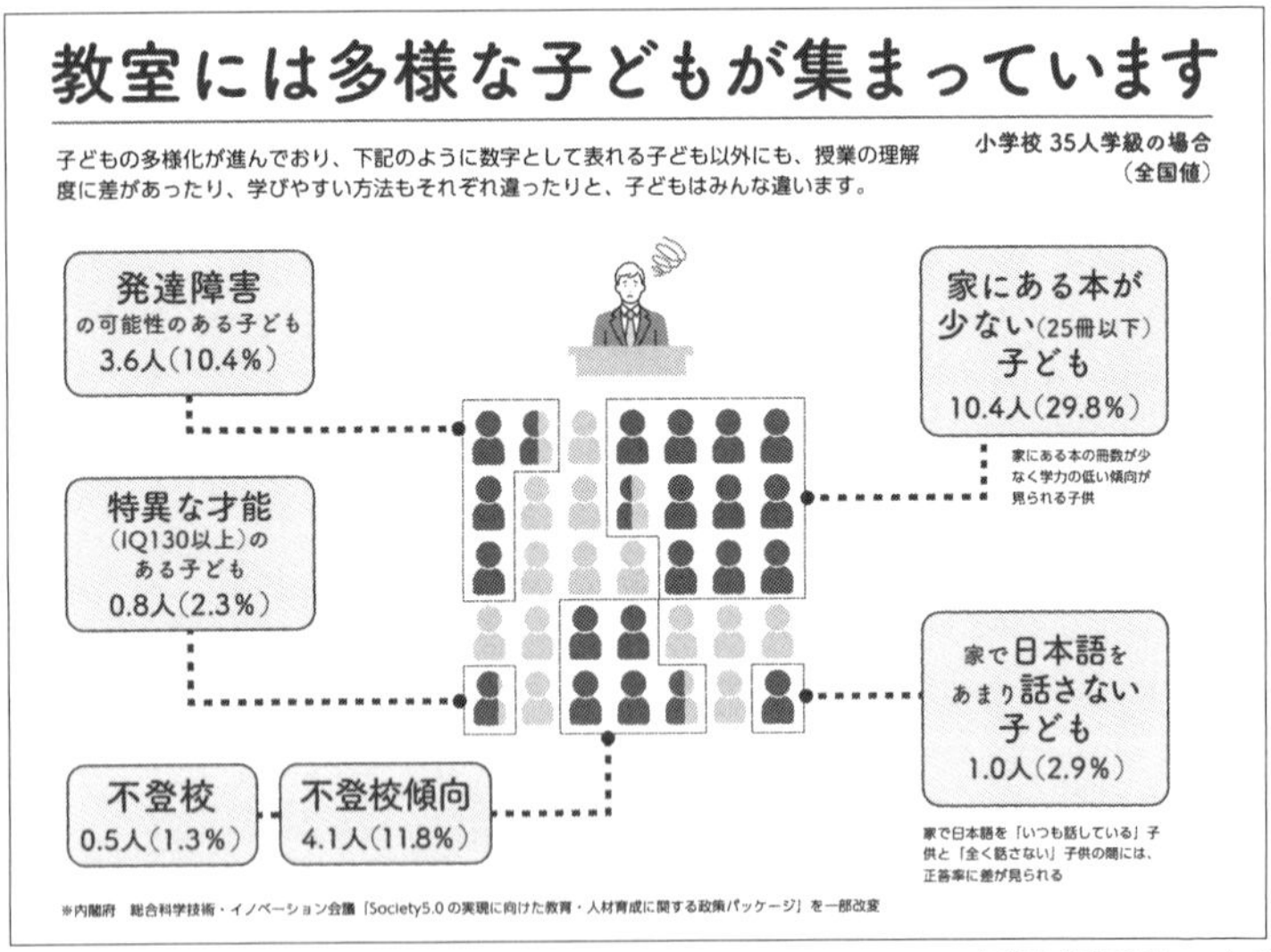

※加賀市教育ビジョンより

図1　教室の子どもは多様化している

る子ども8・8％」などと新聞の見出しにもなりますが、毎度毎度、国家公務員でありながらも多いのか少ないのかがピンと来なくて、いつも一教室あたりだと……と換算して考えていました。その思考をそのまま図にしました。実際には、これらの統計それぞれに該当する子どもの重なりもあるので、あくまでもイメージをつかむための図にはなりますが、できるだけ先生にも保護者にも当事者意識を持って考えてもらえるようにするには、伝えたい相手がいる世界にピントを寄せていくことが鉄則だと思っています。誰も日本全土なんて見渡していないので、国の統計や全国値はピンとこないんですよね。

ただ、この図は、あくまでも統計があって定量的に示せる範囲を表したに過ぎないものであり、さらには子どもたち一人ひとりの認知特性が異なることも認識しておかなければなりません。つまり「普通の子」というのは存在しないということです。積み重ねてきた経験も、脳のつくりも神経の構造も人それぞれ違うので、学びやすい方法やスタイルは人それぞれという感覚を持つことが大事だと思っています。

たとえば、視覚・聴覚の優位性によって、口頭説明で理解できる子と、文章を読んだ方が理解が早い子、画像で視覚的に見た方がわかりやすい子と、それぞれ理解しやすい方法が異なります。また、定着のしやすさという意味でも、昔ながらの方法の短時間反復学習で定着する子もいれば、じっくり少ない数の問題に取り組んだ方が定着できる子もいます。思考の流れとしても、例題から考えて公式など一般化していく思考の方が自然に入る子と、逆に抽象から具体に持っていったほうが考えやすい子がいるなど、これもいろいろなパターンがあります。また、「メモをとりながら説明を聞きましょう」と先生に言われたときに、マルチタスクが得意な子はその方が頭に入るでしょうし、逆にメモをとるのは苦手で、まずは話に集中したほうが理解できる子もいます。そもそも私たち大人もいろいろですよね。私は圧倒的に視覚優位で、文字だけでは理解がむずかしく、図に変換して構造を理解するタイプです。

いわゆる大人から見て目立った特性がある子だけでなく、同じ子は誰一人いないということ、そして「子どもはみんな違う」という事実を今一度本気で受け止めて考えようと先生たちには伝えてきました。

先生にとってわかりやすい子どもの「違い」は学力の開きです。**図2**のように学力分布が広がる場合、一斉授業をスムーズに成立させるためには、真ん中よりちょっと下あたりをターゲットにしながらやるとちょうどいいと先生たちはよく言っていましたが、結果的に、できる子（学力層A）は退屈すぎて伸ばすことができず、学力が厳しい子（学力層D）はまったく分からずボロボロとりこぼしていく現状があります。

授業が始まって早々に机に伏していたり、だるっとなっていたりする子を発見すると、近くに寄って行って、ねぇねぇーって話しかけてみるのですが、7：3ぐらいの確率で、「まったくわからない派」と「簡単すぎてくだらねぇ派」に分かれていた感じです。でもそうやって態度に出す子は、まだ把握しやすいので、先生も意識を向けることができますが、あの強烈な同調圧力の空間のな

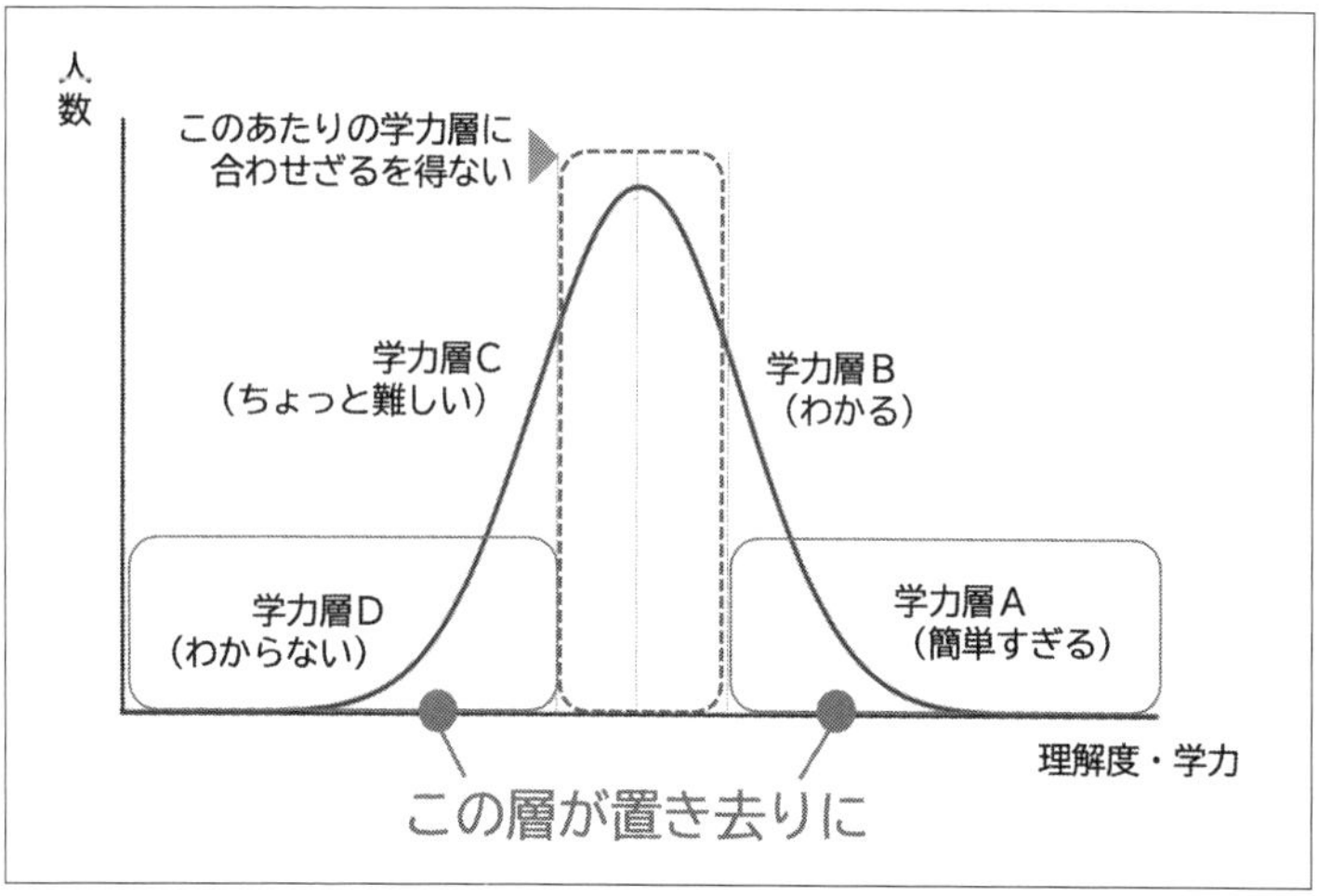

※総合科学技術・イノベーション会議　教育・人材育成ワーキング・グループ「教育・人材育成政策パッケージ策定に向けた中間まとめ」を参考に作成

図2　学力分布のイメージ

か、分からないのに分かったフリをし続ける子もいれば、簡単すぎてくだらないと思っているけど仕方なくつき合っている子も存在する、ということはぜひ忘れないようにしたいです。

　こういった、子どもの「今」の姿、「子どもはみんな違う」ということと今一度真剣に向き合ってみると、「みんな一緒に」「みんな同じことを」「同じ方法で」学ぶことに限界が来ているのは明白です。だから変えていかないといけないと思っています。

　こんな感じで、子どもの「未来」

加賀市 学校教育ビジョン

なぜ今、教育を変えるのか？

「常識や前提にとらわれず、ゼロからイチを生み出す力」
「問題発見力」「課題解決力」「革新性」
これからの時代に求められる力です。
これからは、「人と違うこと」が強みになる時代になります。

旧来型の画一的な教育は、均質な人材育成に寄与し、高度経済成長に大きく貢献した一方で、
同調圧力を生みやすく、人との違いが目立ち、失敗することを嫌い、
クリエイティブな発想や個性が発揮しづらい環境を生み出したことも事実です。
次の時代が求める力を生み出す環境とは真逆にある状況です。

そして、子どもは「一人ひとりみんな違う」ということ。
同じクラスにいても、学びのスピードも、興味関心も、得意不得意も、特性もみんな違います。
「みんな一緒に」「みんな同じことを」「同じ方法で」の学びは限界に来ています。

凸凹の凹を克服することばかり強いていると、学びの楽しさには出会うことができない。
自分はこれが好き、これは得意、自分にはこんないいところがある。
子どもたちが、自分で考え、動き、そして他者と学び合う。
そうやって、子どもたちが、好奇心いっぱいで夢中になれる時間を増やしていきたい。

そろえる教育 から 伸ばす教育へ
一人ひとり、それぞれの可能性を最大限開花させる教育へ
そして、子どもの「今」も「未来」も幸せにする。

そんな教育を、加賀市は本気で目指していきます。

図3　加賀市教育ビジョンの前文

と「今」の両面に思いを馳せながら、なぜ学びを変えていくのかについて、相手を見て、内容や強弱を調整しながら説明していきました。

図3は、ビジョンの前文です。ものすごく言葉を選んで、ぎゅっと思いを凝縮して決意表明しました。

議論し尽くされた教育のあり方

前述のとおり、ビジョンを出す目的は、何のために、どうやって、小・中学校を改革していくのかを市民の皆さんにわかりやすくお伝えする、という非常にシンプルなものです。市民の皆さんが理解できるものであれば、当然先生たちも理解できる内容になります。

最近は、市民や学校との対話を大事に、みんなのビジョンとして練り上げていくような方法をとっている地域もあり、素敵な動きだなと見ていますが、合意形成方式をとるとなると、早くても1年半はかかります。私にはとにかく時間もなく、市長からの「早く示してくれプレッシャー」もあったので（笑）、ボトムアップで積み上げていく時間がありませんでした。

それに、教育のあるべき姿や目指す絵姿は、もう散々国でも議論し尽くされていました。

文部科学省中央教育審議会からは、『「令和の日本型学校教育」の構築を目指して～全ての子供たちの可能性を引き出す、個別最適な学びと、協働的な学びの実現～』（2021年1月）として明文化されましたし、経済産業省では、『「未来の教室」ビジョン』（2019年6月）、「未来人材ビジョン」（2022年5月）、そして、内閣府科学技術・イノベーション会議からは、「Society5.0の実現に向けた教育・人材育成に関する政策パッケージ」（2022年6月）が出されました。

文部科学省は教育を担当する大元《おおもと》として、子どもたちの現状や非連続かつ急速に進む技術革新などを背景に公教育のあり方ど真ん中を担う立場から、経済産業省は産業創出や将来の経済や産業を支える人材育成の立場から、内閣府は科学技術振興・イノベーション創出の立場からと、各省庁の立場によってそれぞれ切り込む角度は違いますが、内容としてはどれも見事に同じことを言っています。

私は、加賀市に着任する直前は内閣府に出向しており、この「Society5.0の実現に向けた教育・人材育成に関する政策パッケージ」の提言のとりまとめを担当していました。加賀市のビジョンにも色濃くこの影響が出ています。文部科学省では担当セクションが、いじめ・不登校担当、教育課程担当、教員の定数担当という具合に非常に細かく分かれており、一分野を深く掘り下げ、その分野の課題解決のために動きます。一方、内閣府では省庁を横断的にとりまとめる立ち位置であるため、社会構造全体から俯瞰して人材育成を考えるという立場を経験することになり、目指す教育の絵姿がはっきり見えた感覚がありました。

ただ、一般的になじみのない言葉や地に足ついていない言葉が国の政策文書では使われる傾向にあり、抽象度がまだまだ高く、言葉ひとつとっても、市民の皆さんにはとうてい手触り感のあるものとして受け取ってもらえません。なので、これをどの程度の「粒度」(細かくしすぎない・具体的になりすぎない、というような言葉の意味する大きさ)で、どう「焦点化」して、この加賀市という場所に、そして23の小・中学校という現場最前線にフィットさせていくのかというところがビジョンづくりの最大の肝でした。

学校の温度感とビジョンのハードル

ビジョンはみんなにとって「旗」になっていないといけない。迷ったとき、後戻りしてしまったとき、あ、そうだそうだ、こっち目指していくんだったたって、戻ってこられるようなものになっていないといけないと思っています。

ポイントは、ビジョンに「みんなが見てみたい未来」と「がんばったら実現できそうな未来」が詰まっているか、この2点だと思っています。この2点は、ビジョンを見た人が「当事者」として、ビジョンを実現する仲間になってくれるかどうかを左右するものになっていたような気がしています。

たとえば、あまりに現実と理想のギャップが大きすぎていたり、「えーっと、これ何年かかるのでしょうかー」と実現することに具体のイメージが持てない内容だったりすると、「自分には関係ないっしょ！」って一線を引かれてしまい、一気に当事者性を失います。かといって、安全ラインをねらいすぎて、当たり障りのない内容だと、そもそも魅力ゼロでビジョンにはなりません。なので、難易度の匙《さじ》加減はけっこう重要なことだなと思っていました。

加賀市にとって〝ちょうどいい感じ〟のビジョンにするために、着任してすぐに全校を回り温度感の調整をしました。

気にして見ていたのは、このあたりでした。

◆学校と教育委員会との距離感（過度な気遣いや忖度《そんたく》など権威主義的な関係性がどの程度ありそうか）

◆授業スタイル（画一的な一斉一律型の指導がどれだけ強いか）
◆先生の授業へのこだわり（学習指導要領をどの程度のレベルで意識しているか、全員を「そろえる」ことにどのぐらいこだわっているか）
◆子どもと先生の関係性（規律で抑えようとする力がどれだけ強いか）
◆学びに向かえていない子どもの様子とその子の背景
◆多忙感の雰囲気（〝忙しい〟にもいろいろと種類があるので質的なところが気になる）
◆学校として認識している課題

別にチェックリストとして持って回ったわけでは全然なく、感覚として気になるところがそのあたりだったというぐらいです。走りながら考えるタイプなので、そこまで私もきっちりきっちりやっていません。

回ってみると、地域によって学校や子どもの雰囲気も相当違いましたが、総じて、加賀市の学校現場は、いろいろな意味で「しっかり」している現場であったことと、ものすごく素直でまっすぐでまじめな先生たちがたくさんいること、が印象として残りました。このあたりの感覚をつかんだうえで、細かい政策づくりに入っていきました。

全部を強めると全部が弱くなる

行政文書は、必ず総花的になるのがお決まりです。てんこ盛りになり、何が言いたいのか分からず、そして誰も見ない代物になる。でもこうなるのには理由があります。行政機関は議会や関係団体、住民など、多くのステークホルダーに取り囲まれている立場であるため、誰から突かれても大丈夫なように、どんどん完全武装するようになってしまい、誰にでもいい顔ができるように、予防線をたくさん張っているためです。

「全部を強めると、全部が弱くなる」という状況なので、簡単な話、その「逆」をやればいいわけです。大事なものをできるだけ重くして、それ以外を省いて絞り込む覚悟を持つ。人に本当に伝えたいのであれば、旧来の「行政文書っぽさ」「教育委員会っぽさ」から脱却することが大事だと思ってます。

また、プランの「時間の塊」のイメージも大事です。教育のビジョンを描くときは、現状目の前にある課題を踏まえることはもちろん、想定される未来像から現在へとさかのぼって考えていくバックキャスティング思考が基本になりますが、今は時代や社会の変化が非連続で加速度的な速さなので、10年計画を作成するのはもう不可能です。5年であっても厳しい感覚です。

なので3年ぐらいで、きっちり決めすぎずに、アジャイルに常に修正をかけながら回していく方法（完璧主義の行政にとって一番むずかしいところですが……）が教育のビジョンにはなじむだろうなという感覚を私は持っています。今回つくったビジョンも、3年程度の位置づけにし、4つのプロジェクトに絞りに絞って、書き上げていきました。ここからは、それぞれ4つのプロジェクトについてお話しします。

やや理念的な内容が多くなりますが、ご容赦いただければ幸いです。

Project 1「学びを変える」

一つ目のプロジェクトは「学びを変える」です。当然、一つ目には一番大事なものを持っていきます。方向性は至ってシンプルです。画一的な一斉一律の授業から脱却し、子どもが主役となり、自分のペースで、自分の力で、人と協力しながら、ともに学んでいく、そんな授業に変えていくこと。それだけです。

今回の学びの改革は、これまでの「教育観」「子ども観」を根底から変えて、子どもたちに学びのコントローラーや主導権を渡すことを目指していく挑戦です。子どもたちが

「PLAYER」になる時間なしに「PLAYER」が育つわけがないので、それを実現する場は、何よりも子どもが学校で一番長く過ごす時間である「授業」の場にしました。

ただ、それは先生も保護者も子どもも誰も経験したことがない世界観なので、文字だけではどうやっても伝わらないわけです。文部科学省用語で言えば「個別最適な学びと協働的な学びの一体的な充実」というものですが、文字の意味するところは頭では理解できても、絵として想像することができないというのが、明治以来１５０年以上続いてきた私も読者の皆さんも受けてきた学校教育の慣性の強さです。なので、イラストレーターを探して、こんな感じの学びを実現してきたいという世界観を口頭で伝えて、それをイラストにしてもらい、何度も微修正をかけながら、目指したい光景を「絵」で示しました。

※加賀市教育ビジョンより

図4　ビジョンの教室のイメージ

ただ、イラストで何かを表現

するというのは、その絵姿に縛られるというリスクも正直あります。絵の力はとにかく強いので、どれだけ文字で補っても追いつかなくなります。それでも、まずは一歩を出すためにイメージを出そう。何かあったら後から修正をしていけばいい、とにかく向かうものが見えない限り、動いていけないので、思い切って図4のように絵にして表現をしました。

この一つ目のプロジェクトが本書のメインテーマになります。私の教育長時代のエネルギーの7割ぐらいを捧げた部分だったので、次章以降、くわしくお話ししていきたいと思います。

Project 2「誰一人取り残さない」

二つ目のプロジェクトは、不登校政策がメインとなっている「誰一人取り残さない」です。私が学校を変えたい、授業を変えたいと思う根幹はここにあります。とどまることを知らない勢いで伸びていく不登校の子どもの数ですが、要因は非常に複合的であり、個別にまったく事情は異なります。明確な契機があるケースもあれば、なんとなく始まるケースもあります。増加の背景に、学校はつらい思いをしてでも行く場所ではないという社会や家庭の理解が進んだ部分も影響は大きいとは思います。

ただ、不登校の定義に当てはまる子どもだけでなく、不登校傾向の子どもも含めればその割合は15％を超えるという現実を考えると、これだけの子どもたちが学校に対してＮＯを突きつけている状況は、個人の問題ではなく、もはやシステムの欠陥と捉えるべきだと思っています。

「今の時代、学校はしんどい思いをしてまで行く場所ではない。学ぶ場所はどこでもいい。学校以外にもいろいろな選択肢があってもいい。子どもたちの選択肢をたくさん用意する。」

私たちもそういうスタンスで不登校政策を積み上げています。

でもやっぱり、やっぱり、学校をあきらめたくないな、と思います。

学びも変えて、学校を安全基地にして、それでもやっぱりいろいろなことがあるから、行けなくなってしまったときには、いろいろな選択肢を用意して受け止められるようにする。そうあるべきだと思っています。

入学式のことをよく思うのです。

楽しい学校生活になったらいいなと親は誰でも願います。子どもたちも、学校に行けなくなったらどうしようなんて思っている子は誰一人いないわけです。友だちできるかな、どんな学校生活になるのかな、勉強ってどんな感じなんだろう、楽しみだなって、みんな希望に満ちあふれて桜舞い散るなか、学校の門をくぐってきます。誰もが、学校で楽しく過ごして、元気に成長することを望んでいます。それをやっぱり叶えたいし、踏ん張りたいなと強く思います。

不登校に関する調査は、国だけでなく民間の調査もさまざまに行われていますが、どの角度から見ても学習起因の不登校児童・生徒は相当数います。学校や授業が今より楽しいと思えたら、学ぶことは意味ある時間だと思ってもらえたら、一定層は必ず救えるはずなので、一つ目の「学びを変える」プロジェクトを不登校政策の大事な根っこの部分として位置づけています。そして、それでも食い止められなかった場合は、できるだけ多様な選択肢を用意するという方向性をこの二つ目のプロジェクトとして掲げました。なのでこのビジョンの二番目のプロジェクトは、不登校政策なんです。

本書で、不登校に関してお話しするのはこの場所だけなので、もう少し話を続けさせてください。

加賀市の不登校支援は、認定NPO法人カタリバと連携して進めていますが、ビジョンを公表して1年後に、新たに「不登校支援プラン」を策定しました（**図5**）。そこで掲げたスローガンは、「どこからでもどこにいてもBE THE PLAYER」。学びの場や居場所を市内全域に拡張し、学びのあり方を「多様化」することを目指したものです。

そして、不登校プロジェクトのチームメンバーが大事にしていることは、不登校の状況を「細分化」して「今」を見ることです。よく報道で国の調査が発表されると、「不登校児童・生徒、ついに34万人」とか出されますが、報

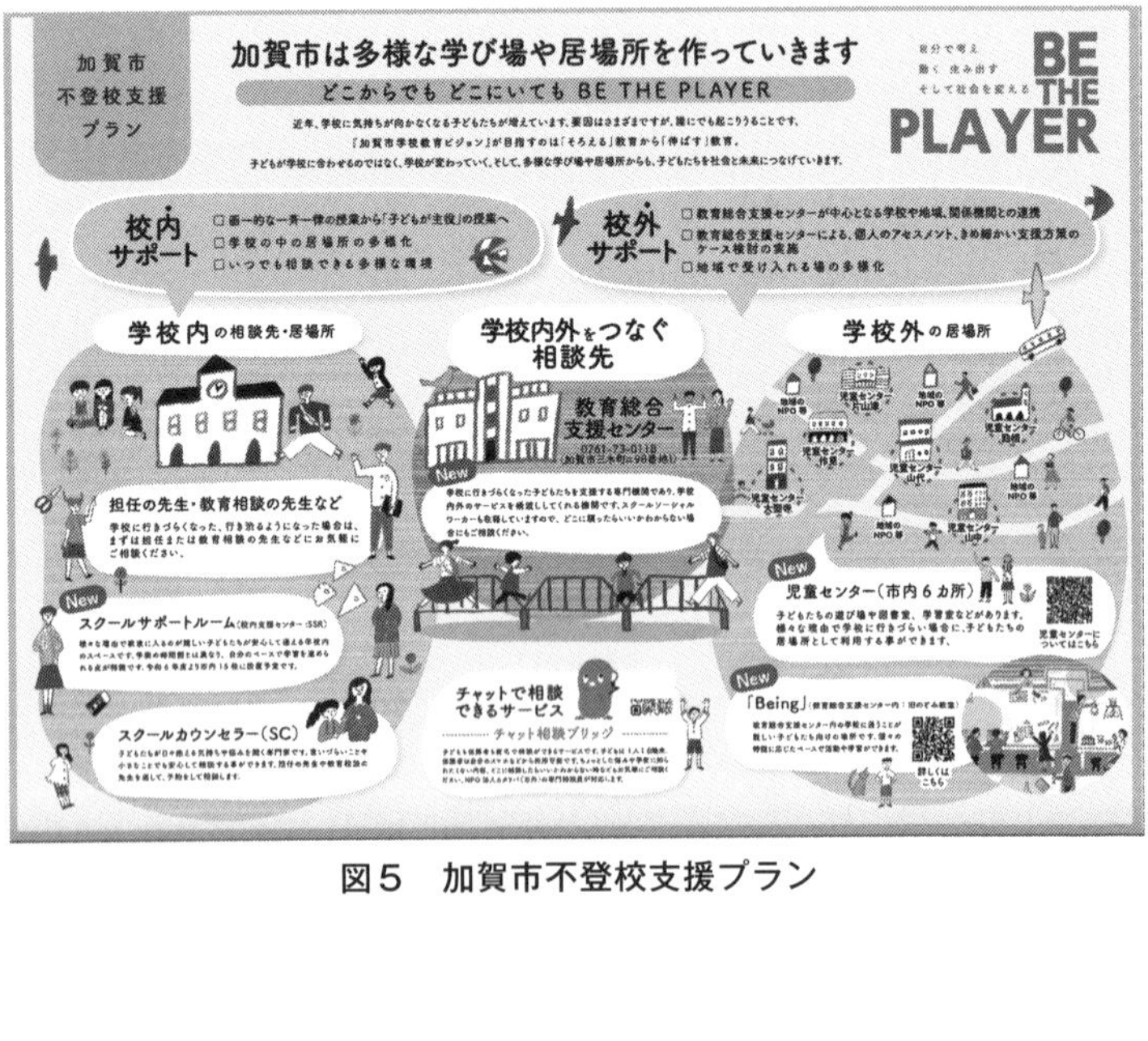

図5　加賀市不登校支援プラン

道された時点で不登校の子が34万人存在しているわけではありません。あくまでも、その年度で病気などの理由を除いて30日以上欠席した子どもの累計数であって、加賀市の場合は、小学生で不登校とカウントされた子のうち約半分は、年度途中に不登校状態が解消しています。

また、「不登校」といっても状態は実にさまざまです。週4日来ていても、年間1日しか学校に来られなくても、同じ「不登校」としてカウントされます。なので、加賀市の教育総合支援センターにおいて、年度末の累積人数ではなく、「今」どの層の子がどれぐらいいるのか、「今」どういう状況なのか、ということを学校とSSW（School Social Worker）とセンターが連携して個人ごとにリストアップして分析・情報共有をし、支援方策を検討するようにしました。そして、一定ルールで細かくグループを分類して、支援が空白になっている部分を埋めるための政策を、細々と隙間のないよう入れていくという発想で政策を考えています。

学校の授業と同じで、一人ひとりの状況に細かく目配せをし、多様な「それぞれの」一歩を受け止めて背中を押せるよう、多様な居場所を広げ・耕すことと、個人へのアウトリーチを同時平行で進めています。すごく手間も時間もかかりますが、あまりに個々のケースが多種多様なので、こうしないと見えないという感覚です。それでもまだまだ足りない、届かないと思っているぐらい、深い領域です。

最近強く思うのは、不登校政策は、教育政策ではなく福祉政策としての発想の転換が必要となることです。不登校はあくまでも結果としての事象にすぎず、要因として福祉的な背景が絡む割合もかなり高いです。また、一人にかかる予算も莫大になるため、教育行政の延長線で政策を考えたり、議論したりしていると、財政当局との関係でもうまく乗り越えていけません。予算を差配する市長はもとより、学校を卒業してからも続く彼らの人生という時間軸で見ながら、福祉部局の理解や連携は欠かせないと強く感じています。

Project3「未来は自分で創る」

三つ目のプロジェクトは「未来は自分で創る」です。これは、私が着任前から加賀市がデジタル人材育成の一貫として取り組んでいた、プログラミング教育と探究活動を組み合わせた課題解決型学習を体系化し、小中9年間一貫型でさらにバージョンアップする方向性を掲げました。加賀市では、小学校でのプログラミングが必修化される3年前の

２０１７年から、小学校４年生でプログラミング教育が始まり、中学校でテクノロジーを使った課題解決型学習を実施していました。これらの蓄積をベースに、子どもたちの技術力の高まりも加味しながら、プログラミング学習のスタートを1年生まで前倒しし、小・中それぞれの段階で長期の課題解決型のプロジェクトを経験できるよう、小中一貫で系統性を持った形でカリキュラムを組み直しました（**図６**）。

このＳＴＥＡＭ教育は、プログラマーを育成することが目的ではなく、身の回りのシステムの構造を理解することを通じて、世の中で起きているテ

図６　加賀STEAMプログラム

クノロジーの進化を「自分事」として受け止め、それを味方につけて課題解決に向けて探究してほしいというねらいがあります。

冒頭で申し上げたとおり、今回の改革は地方創生がかかっています。どんな職種であっても、テクノロジーの力は不可欠になっている今、もはや特別の一部の人たちだけのものではありません。なので、楽しくテクノロジーを体験する、テクノロジーの力で半径5メートルの世界であっても、自分たちの力で何かを変えた経験をする、そういうことを大事にしているプログラムです。

STEAM教育についても、本書ではここでしか触れないので、もう少し話を続けます。一例をあげると、小学校であれば、4年生の総合的な学習の時間では「みんなが暮らしやすいまちを目指して!~障害がある人を助ける機器を作ろう~」というテーマで、障害のある方へのインタビューから見えてきた困りごとを解決するために、プログラミングを使って課題解決に挑むというミニ探究をしています。

たとえば、視覚障害がある人から「白杖の長さの範囲でしか障害物が察知できないので、突然障害物に杖が当たるとびっくりする」という話を聞いたグループは、もっとすごい白杖をつくろう!ということで、センサーを白杖につけて障害物が近づけば近づくほど低音から高音に音を出してお知らせ音を出すような装置をプログラミングでつくっていました。

また、聴覚障害がある人から「お風呂が沸いたときのお知らせ音は自分には聞こえないから沸いたことがわからない」という話を聞いて、お風呂の水嵩をセンサーが探知すると、「オフロガワキマシタ」という文字と振動でお知らせするリストバンドをつくったグループもありました。

そのほか、プログラミングを使って怖がらせる仕掛けをたくさんつくって、夜の校舎で地域の人を招待して肝試し大会を企画したり、安全に楽しく「ハンター逃走中」を校舎で実現するために、出会い頭の衝突事故を回避するための安全装置をプログラミングでつくったりと、子どもの発想は実に豊かです。こういう子どもの「やりたい！」を実現するためにテクノロジーが役に立った！　楽しかった！ということをまずは実感することを小学生時代は大事にしています。

担当した先生が「子どもたちは自分の想像をはるかに超えてきました」と話をしていましたが、無意識に大人がかぶせている蓋《ふた》の存在って至るところにあるんだと思います。

中学生になると、実際に地域の課題解決型学習へと発展していきます。技術・家庭科などを通じてさらに高度なプログラミングも使用できるようになり、動画編集や3D　CA

D（2次元図面をコンピュータ上で3次元に拡張できるデザイン支援ソフト）などテクノロジーの幅も広がっていきます。

中学生の事例だと、「自分のおじいちゃんの畑が猪や猿などの野生動物によって荒らされて、すごくじいちゃん困っているからなんとかしたい」というようなところから議論・探究が始まり、どうやら動物それぞれが嫌いな超音波があるらしいということで、AIでどんな動物が来たのかを探知して、それに応じて嫌いな超音波を出すという装置をデモでつくっていました（**図7**）。

また、学校図書館利用を生徒にもっと促していきたいチームは、話しかけると、図書の開架状況を答えられるようなロボットを、音声認識のプログラミングを使いながらつくっていました。これまた愛嬌たっぷりのキャラクターデザインで、図書館まで追いかけたくなるようなロ

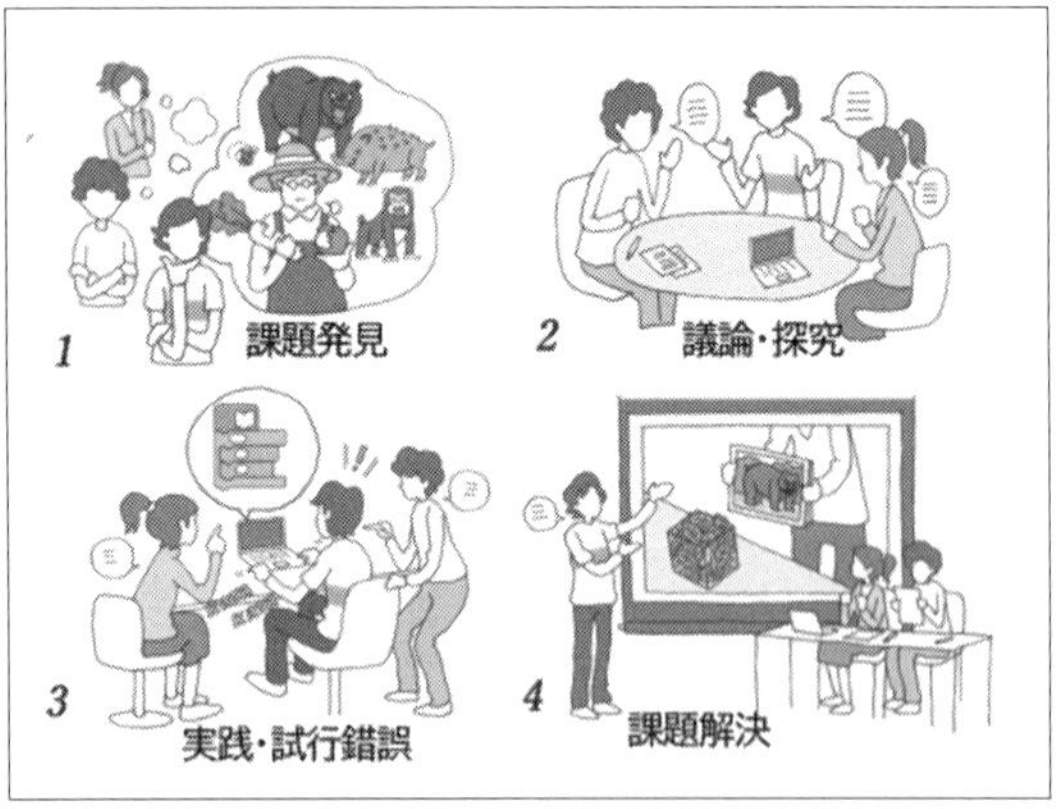

※加賀市教育ビジョンより

図7　中学校の課題解決学習のイメージ例

ボットでした。

年に一回、各学校代表が集まるSTEAMプレゼンテーション大会を実施していますが、全編アバターでやり切ったグループも出るなど、年々進化しています。着任当時の頃の大会では、こうなったらいいなという第三者的な提言や空想にとどまっていた発表も多かったところ、だんだんと実際に「実現する」という方向に進化してきました。小さくても自分たちで考えて・実際に動いて・自分たちの周りを少しでも変えるものを生み出すということを子どもたちは実現させています。

一点気をつけたいのは、この手のコンテンツを付加するタイプの改革モノは、学校の負担に直撃するので、小・中いずれでも、民間のインストラクターによる技術支援を豊富に入れたり、教育委員会でも授業設計の伴走をしたりしながら、先生たちの負担との兼ね合いを調整して進めています。となると、予算がかかってくる部分なので、ここも市の全体方針や市長の理解とも大きくかかわってくる分野かと思います。

どこまで、こういうテクノロジーに幼少期から触れるのか、というのはさまざま議論があるところですが、ＡＩが人間の能力をはるかに超えるフェーズが起きようとしている今、「傍観者」にならないということが大事だと思っています。この技術が悪用されて不幸な世界にならないためにも、一人ひとりがちゃんと関心を持って、「当事者」でいることが大事になってくると思います。

こういったテクノロジーの進化は止まらないですし、仮に負の面に着目して制限をかける方向に仕向けたとしても、スマホ保有率ほぼ１００％に近い中学生は必ず自力でたどり着きます。であれば、制限をやみくもにかけることよりも、「よりよく使う」ための方向に子どもを導いていくべきではないかと考えています。

実際に、ＮＰＯ法人みんなのコードと一緒に中学校で実施した生成ＡＩの体験授業では、生成ＡＩはどういう仕組みで動いていて、どういうことが得意で逆に何が苦手なのかということを実感を持って学びました。子どもが実際に触れて、使ってみてはじめて分かる感覚があります。

よく考えてみたら、これまでも人は便利で有利な道具を見つけたら、それを使いこなして進化を続けてきました。自動車なんて普通に考えたら、殺傷能力が高い鉄の塊なわけですが、新しいテクノロジーが引き起こす不具合や不都合を乗り越えて、社会実装するために一定のルールを敷いたり制限をかけたりして、負の側面を最小限に抑えながら、その道具が持つ最大のメリットを享受できるよう、知恵と工夫を重ねてきたわけです。

スマホもパソコンも、当初は子どもにはまだ早いとか、まずは紙と鉛筆をしっかり使うべきとか、出始めの頃はよく言われていて、たまに揺《ゆ》り戻しの論調もちらほら見えますが、今はいかによりよく使いこなすのか、というところに意識が向いています。テクノロジーをうまく活用するための課題設定、デジタル技術を用いて積極的に社会に参加し、健全で責任ある市民となるためのスキルやマインドセットであるデジタル・シティズンシップの視点、ＡＩが本当に正しいのか判断できるクリティカル・シンキングの育成なども併せて必要になっていきます。

大事なことは、教科学習でも言えることですが、学校を社会に開き、社会の動きを子どもたちの学びに還流する仕組みをつくることであり、自分の学びが社会とつながっている実感を持たせること。そして、社会で起きていることに対して「傍観者」にならずに、当事者意識を子どもたち一人ひとりが持てるように育てていくこと、これが大事になると考えています。

その一端を担っているのが、この三つ目のプロジェクト「未来は自分で創る」です。

Project4「地域と一緒に」

四つ目のプロジェクトは、「地域と一緒に」です。横浜市教育委員会への出向経験や東京23区の保護者としてPTA活動にかかわったこともありますが、学校と地域とのつながりの濃度は、地方と都市部では段違いだということを加賀市に行きすぐに実感しました。加賀市では、地域なくして学校は成立しないという構図が成立しており、地域と学校の連携はまちづくりそのものでした。

このようにすでに学校と地域がつながっている関係性はあったので、コミュニティ・スクール（学校運営協議会）制度への移行の効果は未知数でしたが、全校移行を進めていきました。この分野は、形から入るということが一定程度機能するところがあり、結果的には大当たりでした。

どこか属人的になっていたり、馴《な》れ合いになっていてゆがみが出ている部分もあったりしたので、仕組み化することで、しっかり整理したり、真正面から議論できる土俵ができたりと、効果は大きかったなと感じています。

学校によっては、職員室に地域の人の席をつくったりして、お客さんと学校という関係性が解消され、本当に学校の職員の一員としての協力関係ができています。登校見守りは地域の方の役割になったり、地域と学校の行事が肥大化していた状況を整理することにつながったり、授業に地域の人が入る頻度が格段に増えたりと、実際に実を伴った連携体制ができていきました。

働き方改革の文脈においても、地域との連携は不可欠になります。文科省から「学校・教師が担う業務に係る3分類」が出されており、登下校支援や地域ボランティアの調整は学校「外」で担うべしと整理されていますが、地域と濃厚に「持ちつ持たれつ」の関係がすでにできあがっている地方の学校では、そう簡単にはいかないわけです。

ただ、「子どものため」というベクトルはそろうはずなので、どうその土俵に持っていけるかだと思います。「私たち忙しいから皆さんよろしくお願いしますね」と言ったところで、成立するはずがないので、そこは持ちつ持たれつ、地域の思いを汲む姿勢とのバランスがとれるかというところが、とくに管理職は問われると感じています。

そして、この「地域と一緒に」プロジェクトに加えたのは、地方教育行政的には最難関クラスである「中学校部活動の地域移行」です。市町村の足並みがまったくそろっていないので、どこまで手をつけるのかがむずかしいところで、相当悩ましい課題ですが、「不完全でもスタートを切らないとこの山は動かない」と地域の方に言っていただいたことも後押しになって、覚悟して項目に入れました。

予想どおり、総論賛成・各論反対の最たるものであり、ステークホルダーの多さがゆえに気の遠くなるような調整コストも莫大にかかっていますが、元中学校長・バリバリ中体連OBのコーディネーターが率いるチームメンバーのがんばりと地域のスポーツ関係団体の絶大な協力もあり、まずは「土日休日の学校部活動は地域クラブへ移行」というフェーズに入ることができました。

ここも発信にあたっては、学校の働き方改革とは完全に切り離すことが肝です。先生を助けるために子どもが不都合を被るという構図は、残念ながら絵として悪く、誰も味方してくれません。実際に、生徒数減少で野球などのチームが編成できない中学校も出てきており、子どもの選択肢の拡大、スポーツ・文化を多様にマルチに自由に楽しめる環境をつくるということなどの目的を全面に出して、こちらも「子どものために」の方にベクトルをどうやってそろえていくかというところが大事だなと思っています。

一つ、失敗を踏まえて申し上げれば、「部活動地域移行」というワードを使わなければよかったと心底思っています。学校部活動で実現してきたことをすべて再現することをいつまでも求められ続けるので、新たなフェーズでの価値創造の議論がしづらくなります。

ワーディングは本当に大事だなと身に沁みています。香川県三豊市では、「子どもたちの放課後改革」と銘打って、運営資金を企業等から集めた拠出金や寄付金の運用益を充当し、持続可能な仕組みを目指す野心的な取り組みを進めようとしていますが、多くのステークホルダーを巻き込むからこそ、こういったネーミングは前向き感や新しい価値が生み出せる余地を想像させるので、非常にうまいなと思って注目しています。

課題はこれを進める人

行政は、基本的に年に一回しか予算編成ができません。よほどの理由がない限りは年度途中に補正予算を組むことは不可能なので、年末ぐらいまでには、何を次の年度にやっていくのかあらかた決めて、予算を組んでおく必要があります。ビジョンで理想を格好よく描くよりも、むずかしいのが具体の事業執行。それぞれのプロジェクトでどのような事業を新たに立てていくのか、いくらかかるのか、誰が担うのか。ビジョン発動に伴う新規事業20個分ぐらいの予算編成作業をビジョン策定作業と同時に行っていたわけですが、人・モノ・金・時間という有限のリソースのなか、圧倒的にネックになるのは、これをやってくれる人＝人的リソースでした。

教育委員会という行政組織には、通常、学校運営が「普通に」回っていくための人員しか配置されていません。それぞれが担当している業務はルーティン業務がほとんどなので、業務を削る余地もびっくりするぐらいほとんどない状況でした。なので、新しいことやるぞー!と打ち上げたところで、担当してくれる人がそもそもいません。ルーティン業務で手いっぱい。となると、新規事業を一緒に進めてくれる仲間を増やすしかないわけです。

Project1の「学びを変える」は、先生たちの本業なので、がんばるのは学校です。教育委員会は先生たちががんばれるように、あの手この手で前に進めるように後方支援に徹します。あとのProject2・3・4については、行政側が汗をものすごくかかないと進まない分野になります。

なので、人的リソースを確保するために、「外部人材登用」と「民間との連携」を大きく進めました。これにはとにかくお金が必要なので、使えそうな国の補助金事業を隅から隅までチェックし、次の年度に向けて、金策して、市長の絶大な理解も得ながら予算を立てて、体制強化して走り出す準備をしました。ちなみに、文科省以外の省庁のお金も教育委員会で使えるものがたくさんあります。むしろ民間主導で使える補助金も多く、都道府県も関与しない構造が多いので機動性が高く、事務処理コストも削減できるので、とても使い勝手がいいです。

結果的には、「外部人材登用」「民間との連携」「組織再編」の三つを一気に進め、ビジョンを推進するための体制を整えていきました。

スローガンの誕生は最後の最後

政策の取捨選択もして、だいたい磨き削ぎ落とされたものが出そろい、ロードマップを描いたところで、ビジョンの完成度9割というところになりました。いったん、表紙のタイトルとして「加賀市学校教育ビジョン～自分で考え　動く　生み出す　そして社会を変える～」を載せてみました。

教育委員会メンバーに、どうかねーと見てもらったところ、「どうも何かが足りんですわー」「パンチが弱い！」「誰の記憶にも残らないと思いますわー」と次々とみんな言いたい放題！　しかし本当にそのとおり。「自分で考え　動く　生み出す　そして社会を変える」というこの世界観を端的にズバっと言いたいし、先生にも子どもにも、できれば市民の皆さんにも覚えてもらえるような言葉で表現したい。もともと個人的にデザインの勉強は何年も続けてきましたし、コピーライターの本もたくさん読んできました。やっぱり

「一息で言えるもの」でないと人が記憶し自ら口ずさむことはむずかしいという感覚は持っていましたが、なかなかいい言葉が降りてきません。

「じゃー持ち寄ってコンペしよう！」ということになり、スローガン検討はしばらく寝かせることにしました。

そして、いろいろ案が出るなか、メンバーの一人が「島谷さん！　三つ持ってきました！」と提案してくれた一番上にあったのが「be a player」でした。小文字だったことも全部覚えています。即決でした。ほかの２つも念のために見ましたが、イマイチだったのでよく覚えていません（笑）。

「be a player」――唯一引っかかったのが、〝a〟であったこと。それぞれ人は唯一無二だし、いろいろな形があってもいいよね、という思いから、文法的に正しいかどうかはさておき、「a」から「the」にするという小さくて大きな修正を加えて、私たちの大事な旗印となる「BE THE PLAYER」が生まれました。

ただ、内部では、「いいね！　かっこいい！」と言う人もいれば、「英語かー。この英語の意味って市民の皆さんはわかるのかなー」という人もいたりで、全員が全員ピンと来ていたわけではなかったんですよね。それでも私は最高だと思いました。これ以上のものはないと思いました。このあたりはもう直感ですね。

最後に、ビジョンのリード文として、覚悟を持って「加賀市の教育が変わります」と大きな文字で入れました。すると、私の保護者みたいな教育委員会事務局ナンバー2の事務局長が、「それじゃ生ぬるいですわ」と言い出して、「大きく」を入れようということになり、「加賀市の教育が〝大きく〟変わります」と宣言することになりました。

もー！　やるのは、みんなでだからね！とメンバーに念押ししまくって、「大きく」宣言されました。けっこう私は肝が座っている方だと思っていましたが、上には上がいるものです。

そして最後に全体統一するデザインの検討です。超・重要ポイントです。デザインで印象がすべて決まります。ここで手を抜いたらすべてがパーになります。どんなにいいことが書いてあったとしてもデザイン次第で見てもらえなくなるわけです。なので、相当こだわりました。教育の世界にありがちな柔らかめのパステルカラーのデザインを試しにつくってみましたが、ありきたりすぎて、ものすごくつまらない感じになりました。刷新感

図8　加賀市教育ビジョン

ゼロ。

このビジョンは、間違いなく「強さ」と「覚悟」を表すことが必要。なので、色のデザインや文字のフォントにこだわりながら、デザイン構成を決めていきました。

年末年始をまたぎながら、地元の印刷会社（竹内印刷さん）の皆さんに超特急で無理をお願いしてしまいながらも、素敵にまとめていただいたこと、本当に感謝でいっぱいです。おかげで「脱・教育委員会」のビジョンを仕上げることができました（**図8**）。

デザインの力

ビジョンができてから、このBE THE PLAYERをロゴ化しあちらこちらに散りばめました。大きなポスターにして学校にも目立つように貼ってもらいました。教育長室にもBE THE PLAYERのポスターがしつこいぐらいに貼られています。

ビジョンのコンセプトカラーは、ベースは紺（インディゴ・ネイビー）でアクセントカ

ラーは朱色（ニュー・オペラ）です。カラーブックと何度もにらめっこして、色の意味も考えて決めました。マリンカラーなので、BE THE PLAYER号に乗ってみんなで航海に出ようというイメージも秘かにありました。なんとなく恥ずかしくて皆に言ったことはありませんでしたが……。

こだわりのコンセプトカラーなので、これをさまざまな場で使っていくこともチームで徹底していきました。企業ブランディングの世界ではこんなこと基本中の基本だと思いますが、行政はそういうことはきわめて苦手であり、そもそも派手であるべきではないという発想があります。なので、そういう「教育委員会っぽくないこと」をするだけでもいつもと雰囲気が変わってくるものです。

ビジョンの各プロジェクトを推進するなかで、さらに詳細を定めた「プラン」をつくり、それぞれリーフレットもつくっていったのですが、それもビジョンからの流れであるものであることがわかるようにカラー使いやロゴ、コンセプトなどは、BE THE PLAYERにすべてつながるよう見た目の統一感を出すようにしています。内容として、親元のビジョンと各政策との一貫性を持つことは当然だとしても、それを補完するための方法として、デザインで統一感を出すという力は思った以上に大きいです（図9、10、11）。

教育委員会メンバーでは、ロゴ入りのTシャツやスウェットなんかもつくって、キャンペーン的に、教員研修や各イベントでもみんなで着用して盛りあげていきました（**写真1**）。どうせやるなら楽しくやっちゃえ精神です。

そんなことを教育委員会がしているうちに、各学校でもBE THE PLAYERロゴを使ったり、似たようなカラー使いで掲示物をつくり始めました。学校がBE THE PLAYERを説明できるようになりました。子どもと共有するようになりました。そして、ある中学校の生徒会長候補者の選挙ポスターでも、ビジョンのロゴを真似てつくられていたり、中学校の体育祭実行委員会のスローガンが「BE THE STAR」だったりと、くすっと笑えるものにも出会えました。

図9　不登校支援プラン

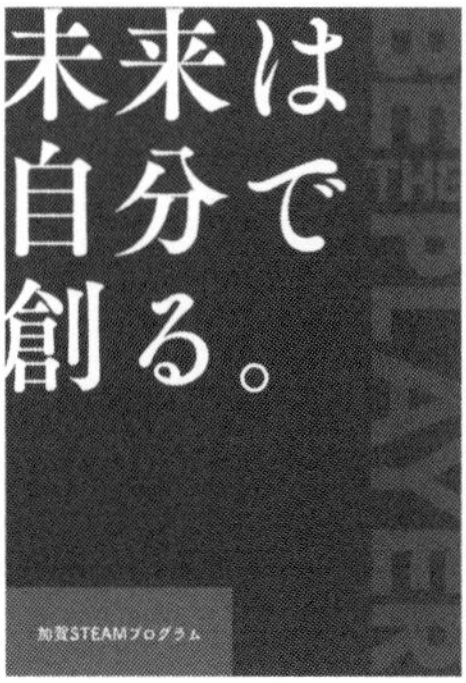

図10　加賀STEAMプログラム

図11　学校部活動改革プラン

また、地元の方が、駅前の観光や地域案内の大きな看板の横に、明らかに場違いなのだけど、ビジョンをデカデカと掲げた看板をつくってくれました。まちづくりの地元のNPOの方から、「まちづくりも一人ひとりが傍観者ではなく当事者・PLAYERにならないといけないから真似させてもらったわー！」と、ある日、その地域の憲章としてBE THE PLAYERの旗が青空の下にたなびいていました（**写真2**）。

浸透度合いや共感の最高峰は、「真似をしてもらえる」ということなんだなと新たな評価軸を得ました。そして何より、最高のブランディングは「愛されること」だということも身をもって知りました。

写真1
BE THE PLAYERのロゴ入りTシャツ

写真2
地域の憲章とコラボ

第2章 コミュニケーションデザイン

この章では、教育委員会として先生や学校現場との「コミュニケーション」をどうデザインしてきたのか、ということをお話しします。内容としては、学校単体に置き換えても当てはまることであり、さらに言えば、学校や教育の世界だけに限らない、組織論やリーダーシップ論にも近い話になるのかなと思います。

開いた距離を縮める

石川県は保守的な地域柄であり、さらに権威主義が強い場所です。制度的には、国－県－市町村－学校現場という上下関係はないはずなのに、上下関係があるかのように振る舞う人がとても多いと感じました。なので、おのずと学校現場と教育委員会の間にも距離がありました。権威主義が強い組織は、トップダウンは効きやすいので、力で押さえることや指示して何かをやらせることは一定可能です。ただ、これは持続性を持たず、エネルギーが大きくならない方法なので、イノベーションやクリエイティブな発想が生まれる世界とは対極にあります。

そして、企業の社長と社員の関係も同じですが、権威主義が強いと何が起こるかというと、現場の本当の姿が見えなくなり、トップが裸の王様になります。当然、何かを大きく変えようとするときに、ひずみが出ないことはありえません。学校現場がモヤモヤを抱えたり、迷ったり、苦しんだり、どこかに無理がかかってしまったりといった場面が出たときに、いかに早期に察知して、軌道修正をかけていくサイクルを回していけるか、ということが不可欠になります。ましてや関係づくりは時間がかかるので、「本音が出せる」「ありのままの姿が見せられる」という関係づくりは最優先事項だと思いました。

そのあたりの問題意識をチームメンバーにも伝えたことがあったのですが、もともとその場所にいる人は案外気づかないものなんですよね。「ちょっと権威主義強くないですか？」って話しても「え、そうですか？　こんなもんじゃないんですか？　ずっとそうですよ」って感じでした。相対比較の問題なんですよね、これは。なるほど、だったら隗より始めよ精神で、自分から少しずつ変えていくしかないかなということで、まず手始めに触ってみたのが服装でした。

たかが服装、されど服装

コミュニケーションでいきなり服装の話か、と思うかもしれません。

石川県は、公立学校の女性管理職割合が日本一高い場所なので、加賀市も女性校長だらけで、2024年度の市内の小学校長の女性割合は、なんと83％でした。女性の校長先生が勢ぞろいする校長会もさぞ華やかになるのかと思いきや、みんな真っ黒なスーツで一色。どうやら、教育委員会が絡むと、服装が白と黒でパンダみたいな格好になるようです。ずっとそういうものだったみたいです。

きっちりしているといえば、きっちりしているのですが、「個」を出すことを禁じられたような空気も感じましたし、私は正直ちょっと気味悪さを感じました。公務員なのでもちろん市民や保護者の信頼を損なわないようにすることは大前提だとしても、普通に「場をわきまえた大人の服装」をしていればいいわけです。

着任して二回目の校長会で、「こんな感じじゃなくていいです。普通の格好で大丈夫です。

私はそういうことは気にしませんので。大人として、場に応じて好きな服を着てください」と言いました。そのたった一言が響いた人も多く、服装だけではなく、もっと個を出してもいいんだ、自由にやってもいいんだというようにまで受け取った先生が何人もいました。たかが服装、されど服装。「こうあるべき」からの呪縛は、けっこう意外なところがきっかけになるんだなと思いました。

また、コミュニケーションを考えたとき、洋服はとても大きな武器になります。私はもともと洋服が好きですし、一日の予定を考えて、相当服装を考えます。学校に行くときは、子どもたちや先生から無駄に警戒感を抱かれないように、ピンクのナイキのスニーカーの内履きを履いて、できるだけ堅苦しくないカジュアルな格好で行きます。つやっぽい素材より、やわらかめの素材を選びます。小学校の場合は、子どもたちと目線を合わせるために膝をつくことが多かったり、ドッヂボールとかサッカーとかに急に誘われたりするので、基本パンツスタイルが多いです。

上下真っ黒のスーツ軍団が学校に現れたら、そりゃ子どもたちも先生たちもしっかり異常検知して「ちゃんとしなきゃ」となります（県教委の指導主事の先生たち、ごめんなさい笑)。そうなるといくぶんよそ行きの姿になるので、見たいものが見えなくなります。

市の職員は、名札をつけることになっていますが、私は学校用の名札と議会などオフィシャルイベントに出るときの名札は使い分けていました。学校用の名札は、ドラえもんやポケモン、キティちゃんなど、キャラクターのシールやピンバッヂをつけて、騒がしい名札になっていますが、子どもたちとのコミュニケーションのきっかけにしています。加賀市の子どもたちって本当に素直な子たちばかりなので、「あ！　ピカチュウ！」ってすぐに寄ってきてくれたり、「あれ？　キャラ変えた？」って中学生男子も話しかけてくれたりするので、コミュニケーションがとってもとりやすくて助かりました。

また、私自身が子どもたちの母親世代にもなるので、よけいにそうなるのかもしれませんが、愛着障害や愛欠ぎみな子どもは、手をつないでくれて離れなかったり、休み時間に探しにきてくれたり、抱きついてくれたり、スキンシップがとにかく多くなります。気になるそういう子の背景を聞くと、やはり相応の要因が明確にある子であることが高確率なので、子どもたちとのコミュニケーションは子どもたちの状況を知るうえでも絶対に大切にしたいことです。なので、できるだけ子どもたちが近づきやすい格好をすることは意識していました。

そう、だから服装は大事なんです。たかが服装、されど服装。

モデル校はつくらない

加賀市の学びの改革を進めるうえでこだわったことの一つが、一斉に全小・中学校で進むことであり、モデル校をつくらなかったことです。これまで、日本中で、「モデル校をつくってから横展開」という方式をやってきましたが、広がった試しがびっくりするぐらい存在しない現実があるわけです。横浜市教育委員会に出向しているときも、なんせ小学校が330校くらいあるので、やむを得ずモデル校方式をよく採用していましたが、やはりどうも広がっていかないわけです。国でモデル事業を担当したこともありますが、事例集を出して終わりで、まったく広がらないという顚末。

おそらくこの方式がうまくいかないのは、モデル校を「特別」にしてしまうからなんだろうなと思います。指定されたモデル校がファーストペンギンになれるように、たとえば、人をプラスで配置する、お金を配る、デキる人を結集させる、など、最初にインセンティブをたくさん与えるケースが多く、周りから見て「特別」な環境をつくることになるので、それを横展開と言われても、うちとは条件が違うし無理だと言われたり、難易度高めな印象を与えてしまったりすることが多いんだと思います。

そして、教育委員会として特別扱いする学校があるという状況になるわけですが、仮にモデル校が育ったとして、「あの学校はすごいからみんなも負けずにがんばって」というメッセージははたしてその他の人たちのやる気を喚起できるのだろうか、と想像してみると、かなり旗振りしづらい感覚がありました。

ただし、やるべきかどうかその時点で判断がつかない政策であったり、方法論を探ったりするようなフェーズである場合は、モデル校方式はとるべきだと思います。今回はそのような事情はまったくなく、やる学校とやらない学校をつくる理由がなかったので、潔く、「今までうまくいかなかった方法とは違う道を行く」ということでビジョン公表後、市内の全小・中学校が一斉にスタートを切ることにしました。

こうすることで、私や教育委員会がビジョンの推進メンバーとしてコミュニケーションをとる相手は、加賀市の全教職員になります。あらゆる発信の場で、どの学校・どの先生に対しても、同じ温度感で全体に話ができるというのは、コミュニケーションコストを考えても非常に効率的でした。

また、経験したことがない世界を開拓していくことになるので、葛藤や迷いは嫌というほど出るであろうし、ぶち当たる壁もみんなたいがい同じです。ですから単純に先生同士がコミュニケーションをとれる相手や仲間が多くいるに越したことはないわけです。

そして、葛藤や迷いを乗り越える術を生み出すために、「クリエイティブ総量」を増やしていかないといけない。どうしても集合知で乗り越えるということが必要だったので、モデル校に限定せずに全員で進む、という選択をしました。自治体の規模によってやり方は工夫する必要はありますが、モデル校をつくらなかったことは、その後、短期間で新たな価値を生み出すことに何より大きく貢献した要素だと感じています。

働き方改革と言わないで

ビジョンを校長先生に説明するときにはっきりと伝えたことがあります。それは、「働き方改革」と今回の「学びの改革」の関係でした。

「申し訳ないけど、この『学びを変える』ことに関してだけは、働き方改革がどうのこうのと間違っても言わないでほしいです。困っている子どもがいるのに、授業をよくしようと思わない、変えるのは負担だからこのままでいいというなら、教員に向いてないから辞めた方がいいと思う」くらいまで言った記憶があります。校長先生たちとの関係性はギリギリでき始めた頃かなと思いますが、だいぶ迷って迷ってはっきり言うことにしたので、今でもよく覚えています。

続けて、「教員がやらなくてもいい業務に対して負担だからどうにかしろと文句を言ったり、要望したりすることは大歓迎します。ただ、この教師という仕事の本丸中の本丸の部分で、学びに苦しさがある子どもがこれだけ多いなか、どれだけ救えるのかが公立学校の最大の使命だと思っています。学ぶことは子どもの人権であり、公立学校は最後のセーフティネットだから、ここであの子たちを落とすわけにはいかない。学びの改革に最大限先生たちの力を傾けられるよう、私たちもやれることは全部やる。校長としても全力で先生たちを支え、マネジメントをしてほしい」みたいなことも言いました。

働き方改革の波で、教育委員会が学校に、校長が教員に、何かこれまでと違うことを求めることは負担になるという構図は確かにあります。旗を振る人が、大事なところで強くお願いしないといけない場面にもかかわらず、ためらいが出ているのも事実です。

私たちも常に学校の負担を気にしながら、さまざま学校に負担がかからないよう内部・外部でも攻防を繰り広げています。

私自身、文科省でも横浜市教育委員会でも、4年以上にわたって学校の働き方改革を散々担当してきたなかで、現場の不平不満をボコボコにぶつけられながらサンドバッグ役もやり、酸いも甘いも知り尽くし、あらゆる負担軽減策の可能性を探ってきました。

働き方改革は特効薬がないので、意識改革も含めあらゆる施策を総動員することが必要です。ただ、一周回って教師という職業の幸せは、やっぱり「授業」なんだろうと感じています。自分の授業で子どもが成長すること、これに勝ることはないなと。これを実現することが、最大の働き方改革なんだろうなと思ったりします。

なかなか授業に入れなくて苦しんでいた子が、自分の力で学ぼうとする姿を見るとか、もっとやりたい！　わかった！って子どもたちに言ってもらえる授業ができるとかっていうのは、やっぱり先生にとってはものすごく大きなモチベーションです。

負担軽減のための細々とした施策ももちろんないよりあったほうが断然いいです。積み重ねる努力をすべきです。でも、授業そのもので子どもの成長を支えていって、子どもに力もついて、子ども同士の関係性も良好になっていき、子ども間のトラブルも減って、子どもが楽しそうであれば保護者も安心するのでクレームも減り、保護者対応で苦しむこともなくなる、そういう循環をつくりあげることができたら、最大の働き方改革になるのだろうなと思います。

そういう学校を目指したいと思いましたし、実際に、そう変わっていく学校の姿を加賀市でもたくさん見ることができ、「仕事が楽しい」「今の学校に残りたい」「加賀市の教員でいたい」って先生が口々に言っている姿を見ると、やっぱり手をつけるべきは本丸なんだろうなと思ったりします。

さて、校長会で「働き方改革って言わないで」って啖呵を切ったからには、学びを変えることに全力で力を注げるよう、負担軽減を最大限やっていこうと、あの手この手で負担軽減策も打っていきました。宮元市長はこのビジョンの最大の理解者なので、教職員組合からの要望は、予算を差配する市長に全面的に受けていただき、毎年ほぼ丸呑みするような形で負担軽減策を積み重ねていきました。小学校のコマ数削減のための書写講師の配置や中学校の部活動地域移行、自動採点システムの導入、ワックス・フィルター掃除と草刈りの外注、子どもをサポートする支援員の数も少子化で減らされそうになっても死守するどころか県内最大レベルで増やしてきました。

カレンダーの並びが悪くて、年度はじめの準備日数が足りない状況を目の当たりにすれば、すぐに各校の年間授業時数データを確認して大丈夫と分かれば、教育委員会規則をとっとと改正して春休みを延長し、どんなカレンダーの巡り合わせが来ても、年度明け最低7日間は必ず準備期間が確保できるようにしました。

「授業時数は十分足りているから、思い切って午後カットで教材準備や研修日をつくったりしたらいい。保護者になんか言われたら、教育委員会がそうしていいって言ったって言っていいから」みたいなことも言いました。その一言だけでも、ピンとくる校長先生は、日課表をすぐに組み替えて下校時刻を大幅に前倒しして、小学校なんかは15時前には完全下校できる環境をつくるマネジメントをしていました。学校はいい意味でも横並びが得意なので、背中を押されて他校にもぐんぐん広がっていきました。

給与体系や教職員配置は市町村の現場ではいかんともしようがありません。正直、教員不足で、年度途中の産育休代替の講師を見つけるのも本当に苦しくて苦しくて、人事担当職員が死にものぐるいで探しても空白期間ができてしまうこともあり、すべて完璧に負担軽減できていますとはとても言い切れないので、そこは本当に申し訳ないと思っています。でも、先生たちにとって「目に見える」形でできることを最大限示していくこと、こちらの誠意を見せることは、改革には直接的なところではなかったとしても、とっても大事な部分だと思っています。

先生たちのペースはそろえない

とにかく具体の実践を一つでも多く・早く出す、ということが最初のフェーズでした。実際、私自身もビジョンに掲げたような授業は見たこともなかったですし、教員免許も持っていないので当然やったこともないです。先生たち自身も経験してきたことがない学びなので、一歩目に何をしたらいいのかが、驚くほどに皆目検討もつかない状況でした。ただ、今回の学びの改革は、圧倒的に「見るのが早い」世界です。なので、市内のすぐそこにある学校に実際に目指している授業を見ることができる場をつくる、ということを早く実現させたかったのです。さて、どうやってそれをつくろうかというところですが、まずは「やりたい人この指止まれ」方式でスタートしました。

やる気のある人から、先進的に取り組みを進めている他県の学校へバスを何度も出してみんなで視察にいきました。この指止まれで最初に止まる人たちは、もともと好奇心旺盛な層が集まっているので、帰りのバスで、「こういうことならできるかもー」「まずはこんなことやってみます！」みたいな前向きな会話が生まれて、教育委員会からの伴走支援を入れながら、見よう見まねで実践をいくつか出したのが初期の初期でした。伴走支援については、改革の肝なのでまた後ほどお話しします。

先生とのコミュニケーションにおいて意識していたことは、「先生が子どもにしてほしくないことは先生にはしない」ということでした。たとえば、「そろえる教育から伸ばす教育への転換」をビジョンではうたっています。ここには、子どもをそろえようとしないでほしい、一人ひとり特性も違うし、伸びていけるペースも違う、得手不得手も違う、大事にしてほしいのは、子どもたちそれぞれが毎日少しでも伸びていくこと、昨日の自分より今日の自分が変容していること、そういうことを見つけてほしいし認めてほしい、という意味が込められていますし、それをよく伝えていました。

ですから、先生たちの進度をそろえる発想はいったん捨てました。それは現場にも伝えていました。そろえるつもりはないけど、それぞれが「変容」することを大事にしてほしいと。そしてこれまでの学校教育と同じで、そろえようとすると、自分の力で伸びていける人を押さえる行為にもつながるので、やりたい人から始めてみる、ということでスタートしました。

マニュアルはつくらない

実践がいろいろと出てきて、市内の学校同士で子どもに委ねる学びを公開することも増えてきた頃、「何が正しくて、何がダメなのかわからない」という声とともに、「マニュアルをつくってほしい」と求める声がだんだん大きくなり始めました。おそらくこのときにマニュアルをつくったら、今の加賀市はなかったと思いますし、ここがターニングポイントだったと思います。

今は、教育委員会メンバーも新たな学びを目指す授業を何百本も見てきたので、必要な条件や環境設計のあり方という一定の形式知は持っています。ただ、やっぱり、これは出した瞬間に、「これができた・できない」「正しい・間違っている」という世界に入っていくような気がしました。何事もそうですが、手段が目的化すると、とたんに広がりを失いつまらない世界になります。やらされ感満載になって、余白や創造性を失ってしまうことは何より避けなければならないと思っています。

だって、授業は最高にクリエイティブな営みであり、一つひとつがライブで生きているものだから。

そして何より、この授業は、目の前の子どもたちの状況によって調整をかけていかないと成立しない授業スタイルなので、別の学校でやっていることを、自分の学校でやってみても違う状況になることが往々にして起こり得ます。同じ学校同じ学年でもクラスによっても違う状況が起きることは、教科担任の中学校の先生は、はっきりと実感しています。

子どもは一人ひとり違うから、画一的な一斉一律の授業から脱却しようと言っているので、目の前の子どもたちと一緒に授業をつくりあげること、授業づくりの軸は常に目の前の子どもたちにあること、そういう感覚を先生たちに強く持ってほしいという思いがありました。

そのため、マニュアルはつくりませんでした。ただ、「はい、じゃーあとはよろしくね」では進まないので、教育委員会では、先生を支援するために研修のあり方を抜本的に変えていきました。これは、また次章でお話しします。

やらされ感のない世界

私自身が人一倍、他律的な環境にストレスを感じ、自由であることを望む質であるため、どうしたら「やらされ感のない世界」がつくれるのか、ということはずっと考え続けているテーマです。新しい授業観を得ていくためには、先生に自由と遊びの余白から生まれる創造性みたいなところが必要なんだろうなと漠然と感じていました。なので、ビジョンにしても、日々私から先生たちに届ける言葉にしても、どのレベルまで具体に示していくのか、主体性を奪わないけど、でも方向性ははっきり示すというような「トップダウン」と「ボトムアップ」の絶妙なバランスを求めて相当気を遣って言葉選びをしていました。

一度、「自由進度学習」という単語を例示で出したら、一気に「自由進度学習＝教育委員会が求める委ねる学び」というモードになり、どわーっとその考えが広がったときがありました。進度を自由にしないと委ねる学びとは言えない、自由進度学習とは何か？みたいな感覚が広まったわけですが、何が起こるかというと、何のために学びを変えるのかという「目的」が落ちて、手段が目的化し、空虚な取り組みになっていくわけです。完全に渡す言葉のレイヤーを間違えた私のミスです。今回の学びの改革のＨＯＷは、間違いなくボトムアップでつくりあげていくべきところであり、細かいところで、「こうあるべき」は極力示さないことが大事だと思っています。

不登校支援や部活動地域移行などは行政が死ぬほど汗かいて、政策や調整を積み上げていけば、ある程度形にすることができるのですが、学びの改革だけは、先生たちの本丸中の本丸の仕事なので、先生たちに共感されなかったり、そっぽを向かれたりしたら、まったく進まないので、先生たちの放つ波動みたいなものはものすごく敏感に感じとる努力をしました。

この業界に限らずですが、明らかなのは、ギチギチに外枠をつくってやらされ感満載になると、エネルギー量が本当に小さくなり、必要最低限なことしか出てこなくなります。新しい価値をつくるイノベーション的発想はみじんも生まれることはないです。しかし、このビジョンがそれぞれ「自分事」になって、本人自らが意味づけをしていったら、エネルギー量は大きくなり、新しい扉を次々に開けていくようになります。

結局、そういう世界観をつくるためには、上司やリーダーが、腹をくくって彼らを「信じること」に尽きるんだろうなって思います。授業もまったく同じですが、性悪説をとって、子どもが何もできない前提とか、自由に甘やかすと何か悪さをする、みたいなことを思っている限り、こんな世界はつくることができません。

マイクロマネジメントや管理を強めるリーダーは、結局、部下を信用できないことから生まれる不安感が大きいわけです。すごくむずかしい気持ちもわかるし、信じて放つことはリスクでもあります。でも、つくづく感じるのは、「ゼロリスクの発想」は変革することと相性がとても悪いということです。

「情」と「理」の両刀使い

学校現場は、理屈が通じない未熟な子どもも含めて多くの人が行き交い、常に感情エネルギーが高い場所です。当然「理」だけでは動くことができない世界に身を置かれています。なので、こむずかしい言葉やそれっぽいカタカナ言葉を並べて話をしたところで、1ミリたりとも現場は動きません。緻密な正確さや理路整然としていることよりも、自分の言葉や振る舞いが彼らの琴線に触れられるかどうかが大事であり、教育長という立場で自分の思いを汲んでもらうためには、どれだけ相手から信頼を積み重ねられるかという「情」の世界が圧倒的に大きかったと思います。

ただ、感情エネルギーが高い世界にいると流されやすくもなります。なので、軸となるビジョンが絶対的に不可欠であり、常に進む方向を見定めて、ニュアンスを微妙に調整しながら、自由度高く泳いでいけるようにするイメージでいました。

一方、行政の立場としては、税金を原資に政策を展開していくため、逆に正確さや論理的な理屈を強く求められます。財政当局との折衝を含め、感情で説明することはあり得ない世界であり、私のバックグラウンドからはこっちの方が圧倒的に思考回路に染みついています。現場の苦しさがあるときに、受け止め共感しながらも、仕組みの問題なのか、単に気持ちの問題なのかなど、どこに端を発しているものなのかを冷静に俯瞰して見ていく必要があります。

また、学校教育、とくに公立学校は、多くの学校教育に関連する法規や制度の枠組みの上に成り立っています。これらは「情」で逸脱していい世界ではないので、このあたりのコントロールも行政としては重要なところになります。経験上、学校教育に関する法規や制度は、さすがに体に染みついているので、現場の裁量で何ができて、できないのか、どこまでならギリギリ攻めていけそうか、そのあたりは息をするような感覚で分かっていたのはこの仕事をするうえでの大きなアドバンテージではありました。

制度や法規は、完全に「理」の世界ですが、「情」の世界でなるべく現場が自由度高くやれるように、法規や制度を熟知し、遊べる枠や高さのようなものを感覚的に認識しておくことは、行政や学校管理職にとってとても重要なことであり、大きな味方になるものだと思っています。

たとえば、校長先生から「○○やりたいんですけど、やっていいですか?」と聞かれて、「いいですよー自由にやってみてください」という返事をするまでに、制度的に許されているものなのか、各ステークホルダーへの影響はどうか、致命的なリスクがあるかどうか、などなどを即座に判断していかないと、とにかく機を逃します。スピード感を持って物事を進めていくというのは、常に無数の判断を迅速にしていくということなんだろうという感覚を持っています。

相手や場面によって「情」と「理」を使い分ける、バランスを変える、そのあたりを感覚的に自分のなかでコントロールできるようになったあたりから、うまく周囲が動き出した感覚はありました。

月1回のラブレター

私は教員免許を持っていないので、授業を見る視点は、教員経験がある多くの教育長の皆さんとはだいぶ違うと思います。授業は、私はシンプルに子どもしか見ていないです。その45分、50分が全員にとって学びが「自分事」であったか、何も学びがなかった「ゼロ」の子がいなかったか、興味はそこ一点です。

学習指導要領解説にあるような細かい記述と授業の整合性という視点については、嫌っていうほどそのあたりのノウハウを他の人が持っているので、そこは専門家たちにお任せして、私はそういう世界のことはあえて言わないようにしていました。どうしてもその類の議論は、人の感情が動きづらいので、私は今の「立場」としてそこに労力は割かないようにしました。

自分の予定に1時間半空きがあれば、1本授業を見に行って帰って来られるので、時間があれば授業を見に行って、先生や子どもと話すようにしました。子どもがものすごく主体的に目をキラキラ輝やかせて学んでいる授業もあれば、やらされ感満載でつまらなそうにしている授業も含めて、たくさんの授業を日々見ました。こうやるとうまくいくんだなーとか、こうやると失敗するのかーなどと、見れば見るほど、とにかくいろいろ発見が出てきます。そして授業が終わって先生たちと話していると、こういう思考で新しい方法を生み出すんだなーとか、こんなこと気にしていたのかーとか、けっこう目から鱗な発想をする人もいて、これは独り占めしてはもったいないと思うようになりました。

そこで、ものすごくベタなのですが、先生たちにお手紙を書こうと思い、月1回の「島谷のつぶやき」を始めました。

毎月、全教職員のパソコンに送っていました。「つぶやき」とか言いながら「重要」「全員必読」とラベルを選んで送信するあたりは毎度押しつけがましいのですが、一人でも多くの先生に届いてほしいので、A4・1枚に収まるように文字数を抑えて、毎月コツコツ書いていました。書いていた内容は、終始、なぜ学びを変えるのか、変えると子どもにどんなことが起きるのか、いくらでも失敗してもいいからとにかく一歩踏み出してほしい、そんなことをひたすらツラツラ文章にしていました。鬱陶《うっとう》しいぐらいに、授業を変えること、学びを変えることについて書き続けました。「大事なことは何度でも伝える」精神です。一度言ってもたいして残らないだろうし、斜め読みしている人もいるだろうし、そもそも忙しくて読めない人もいるだろうし、それぞれの立ち位置や進度によって、言葉の入り方・受け止め方が変わってくるので、何度も同じようなことを言いました。ものすごくしつこかったと思います。

学校の伴走支援をしているチームや指導主事からの情報と、実際に自分で見た情報を総合しながら全校の今のコンディションを俯瞰して見ているわけですが、学校間で差は当然出てきますし、ゆらぎがあるのがすごく分かります。登り調子のときもあれば、なかなか手応えが感じられずに停滞するときもある。うまくいかないと、従来の方法へと引っ張る強烈な引力に簡単に引き戻されます。こういう状況を横目にしながら、あの先生に届け〜と一定程度ターゲットを決めて、そのタイミング、タイミングで書くことを考えていました。

改革全体のトーン調整や軌道修正にも使っていました。先に言及した「自由進度ブーム」の打ち消しもつぶやきを使いましたし、逆に適度な外圧をかけることにも使っていました。

しかし実際には、文字ってすごく強くて、表情とか言い方でごまかせないため、ここまで強く書いてもいいだろうか……とか、もうちょっとバシッと伝えた方がいいのだろうか……とか、たいていウジウジ毎月迷んでいました。そういうときは誰より現場の温度感をわかっているチームメンバーに「どう思う？　みんな受け取れるかなー？」と感触を相談しながら、言葉をつむいでいきました。

気をつけていたのは、「ネガティブなことは言わないこと」「少し先のいい未来を語ること」「個人的に見たもの・体験したことを語ること」、そのあたりでした。先生たち全員の「共感」までゲットしようというのはけっこうハードルが高いので、そこはねらっていなかったです。野球の世界でも3割打てば立派なものなので、3割ヒットぐらいを目指して少しでも興味を持ってもらえることを考えていました。

あとは、自己開示のツールとして使わせてもらいました。リーダーは、信念や覚悟は必要ですが、強い人である必要がどこまであるのかとは思っています。隙やほころびのない強いリーダーには私はなれないので、自分の弱さも含めて自己開示しながら、みんなも弱さも含めて自然にいろいろ出せるようになったらいいなという思いでした。経験上、何を考えているのかわからない上司って、すごく仕事がやりづらかったので、そういう意味でも、「自己開示」はリーダーにとっては大事なことだと思っています。

という感じで、もともとは気軽な気持ちで「つぶやき」発行を始めたものの、毎月、この仕事が一番重く、一番気を遣い、一番思いを込めた仕事になりました。私から先生への一方的なコミュニケーションの道を開いたことは、その後の舵取りをするうえでも多々助けられたと思っています。1ヵ月に一度のラブレター。恥ずかしいほどエモーショナルなことばっかり書いていた気がします。

能登半島地震が起きたとき

月一回のラブレター「島谷のつぶやき」では、学びを変えよう！　やってみよう！としつこくしつこく毎月書き続けたわけですが、唯一、それを書かなかったことがありました。それは2024年1月1日に起きた能登半島地震直後の3学期始業式前に書いたつぶやきでした。

「今、私たちに何ができるのか。いろいろ考えますよね。我々にできることとは、日常を丁寧に紡《つむ》いでいく。目の前の子どもたちに実直に向き合う。いい授業をする。そして子どもたちに力をつける。どんな状況になっても、自分の力で切り拓いていけるような力をつける。それに尽きると思っています。」

同じ県内の能登が大変なことになっていて、私たちに何ができるのだろうって、誰もが考えていました。普通に授業してもいいのかなと多くの先生たちが迷っていました。なので、これだけを伝えました。

加賀市は震度5強で、校舎には大量にクラックが入ったり、瓦が落ちたり、モノが壊れたりと物損は多々ありましたが、幸い人的被害はない状況だったので、予定どおり3学期の始業式もできました。

教育委員会では、1月末に学びの改革を全国公開する初のイベントも企画していました。使用予定の会場が地震の被害で使えなくなってしまい、県内も緊急事態一色、自粛モード満載となり、こればっかりは仕方ないと中止の方向で動いていました。しかし日が経つに連れ、警戒期間も過ぎ、こういうときこそやっぱり前に進むべきではないか、石川を過度に敬遠する状況を打開するためにも、やっぱりやるべきではないか、と散々議論し、開催の判断をしました。あの時期に、100名以上の人が全国各地から石川県に来てもらえた重みや価値はずっと忘れることはないだろうと思います。

せっかく横道にそれたので、このままもう少しこの話をさせてください。

加賀市は、温泉旅館がたくさんあるので、能登からの2次避難者をどこの地域よりも多く受け入れることになり、市内の学校は、能登から100人以上の子どもたちを受け入れました。着の身着のまま避難を余儀なくされた人たちもたくさんいたので、学用品を何も持って来られない状況を想定して、PTAの皆さんの力を借りて、制服やランドセル、学用品、衣服等を一気に集めてもらい、上履きなどは寄付を申し出てくれた量販店から取り寄せ、希望した日からすぐに通えるような体制を整えました。

ただ、避難されている小・中学生がいるご家庭に、市内の学校に通えることを一件一件お声かけしても、実際に学校に通うことができたのは、避難している小・中学生のうち半分ぐらいでした。知らない土地の学校に、しかも避難しながら通うなんて、心理的ハードルが高いのは当然のことです。

子ども側が拒否したケースもあれば、親御さんがお子さんと離れられなかったケースもありました。一度拒否されても、学校もコミュニケーションを途切れさせないようオンラインで教室の様子を見てもらって、少し心の準備ができてからどうぞと提案したりすることで、実際に通い始めてくれた子もいました。大人としては、子どもには早くいつもどおりの「日常」を戻してあげたい一心でしたが、どこまでいっても、それは彼らにとっては

「非日常」だったんだろうと思います。何をしてあげたら一番よかったのかは、正直今もわかりません。

また、発災直後から避難所に子どもの居場所づくりに奔走していた認定NPO法人カタリバのチームが、加賀市の避難所でも居場所をつくっていきました。ソーシャルセクターのこの動きの早さは本当にお見事で、行政ではとうていい太刀打ちできない動きでした。避難してきたお母さんたちの生活支援も兼ねてスタッフとして有償で雇い入れ、教員OBがボランティアで学習支援に入り、居場所運営を軌道に乗せていき、子どもたちの笑い声があふれる部屋があっという間にできていきました。

避難している方が、提供される食事に飽きてしまったときには、自分たちで料理をつくりたいという要望もすぐに叶えていましたし、サッカーをしたい子どもたちが多かったので、地元のサッカークラブに連れて行ったりと、フットワーク軽くすさまじいスピードでした。

私もこの間、ランドセルを背負って元気に帰って来る子どもたちを、何度も旅館の入口で出迎えました。北陸の冬は、なかなか晴れる日がなくて、寒くていつも雨が降っているなか、遠くから元気な声が聞こえると、帰ってきたなーって傘をさしながらホクホクした気持ちになったことを今でもよく覚えています。

何度も会いに行って、困っていることないかな、ほかにできることないかなって常に探していました。それは、あのときの「何かしていないと申し訳ない気持ちになる」という自分の不安定な気持ちのバランスをとるための行為でもあったような気がします。

能登の避難所で長らく冷たいご飯を食べ続けていた子どもたちだったので、「加賀の学校の給食は温かくて本当に最高！」って興奮しながら、とにかく給食の話ばかりしていました。いつ会いにいっても「今日の献立はねぇ〜」ってたくさん話をしてくれました。生きていくなかでの「食」の存在ってこれだけ重いんだなと改めて感じました。

能登の子どもたちとの生活は、年度が切り替わるまでのたったの3ヵ月程度のことでした。早々に能登に帰る子もいれば、他市に引っ越す子もいればと、毎日悲喜《ひき》交交《こもごも》のなか、ひたむきに来る日来る日に懸命に向き合っている子どもたちの姿に、たくさんの感情が流れた時間でした。

「千春ちゃんの携帯の待ち受けにしてね！」と言われて能登のみんなとじゃれ合って撮っ

た写真を見るたびに、もう二度と悲しい思いをこの子たちがしませんようにと願わずにはいられなかったです。

第3章 教員研修デザイン

この章では、学びの改革を進めるために、抜本的に変えてきた教員研修デザインについて書いていこうと思います。キーワードは、子どもの学びと大人の学びは「相似形」です。

子どもの学びと「相似形」を目指す

加賀市では、現場の自由度を高めるために、「マニュアルはつくらない」という方針でやっていることを前章でお話ししたところですが、「じゃー自由にあとはよろしくね」だけで進むはずがありません。最終的な学校の自走も見据えながら、一人ひとりが変容できるよう抜本的に変えたのが、「教員研修」です。

加賀市は政令指定都市や中核市でもないので、教員研修は県が大部分を担っているため、県主催の研修が年間通じてみっちり入っている状況でした。そのため、市で独自に研修を開催しようとしても、先生たちの負担も考えると、そう多くの研修を独自に開催することは不可能でした。だったらこちらから先生たちの日常にできるだけ溶け込むような形にするしか方法はありません。

また集合研修についても、教育委員会でありがちな大学のえらい先生などに講義をしてもらったり、〝不祥事防止〟〝ICT〟〝特別支援教育〟というような各コンテンツを学ぶような研修だったりは、県の方で豊富にやってもらっているので、加賀市としてはほぼすべての研修を、ビジョン実現のための研修になるよう組み替えました。研修は、教育委員会と先生たちとの大事な大事なコミュニケーションの場であり、モチベーションをコントロールする時間です。

研修を変える方向性はとてもシンプルです。先生が経験したことがないことは、先生自身が経験しない限り授業で子どもにできるわけがない、という考え方のもと、授業で実現してほしい環境を研修でもつくる、という形を考えていきました。つまり、子どもの学びと大人の学びの「相似形」を目指す研修に組み替えていきました。

具体的には、まず、子どもの学びが〝主体的〟であり〝個別最適〟なものになるのであれば、先生の研修も同じような状況になるように「伴走型研修」に切り替え、子どもの学びが〝対話的〟であり〝協働的〟なものになるのであれば、先生の学びも「対話型研修」に変えていきました。

この考え方は、独立行政法人教職員支援機構（NITS《ニッツ》）や文科省からも、教師の学びと子どもの学びは〝相似形〟という研修観の転換が提唱されています。

とくに、NITSは、子どもの学びと教師の学びを「相似形」と捉えるならば、子どもの学びに「学習観の転換」が求められているなか、教師の学び（研修）についても、「研修観の転換」が必要なはずであり、教育全体が「主体的・対話的で深い」の実現に向かうよう、この「研修観の転換」を推し進めることがNITSのミッションだということで全国の教育委員会の研修設計の支援を進めています。まさに、この考え方に限りなく近い考え方で加賀市でも研修を変えてきました（**図12**）。

伴走型研修のはじまり

伴走型研修が生まれた経緯について少し触れます。教育委員会では、市をあげての教育改革の仕込みが私の着任より少し前からすでに始まっており、その一環として、私より一足早くプロジェクトマネージャーとして加賀市入りしていた小林湧という、絶妙な現場感覚を持つ、のちに私のブレーンのような存在になる人がいました。

このようなビジョンの方向性になることは、着任前から教育委員会にも理解してもらっていたので、スムーズに滑《すべ》り出せるように、学びを変えるための学校支援を一足早く進めていました。彼は指導主事でもなく、生え抜きの市の職員でもなく、民間企業・小学校教員

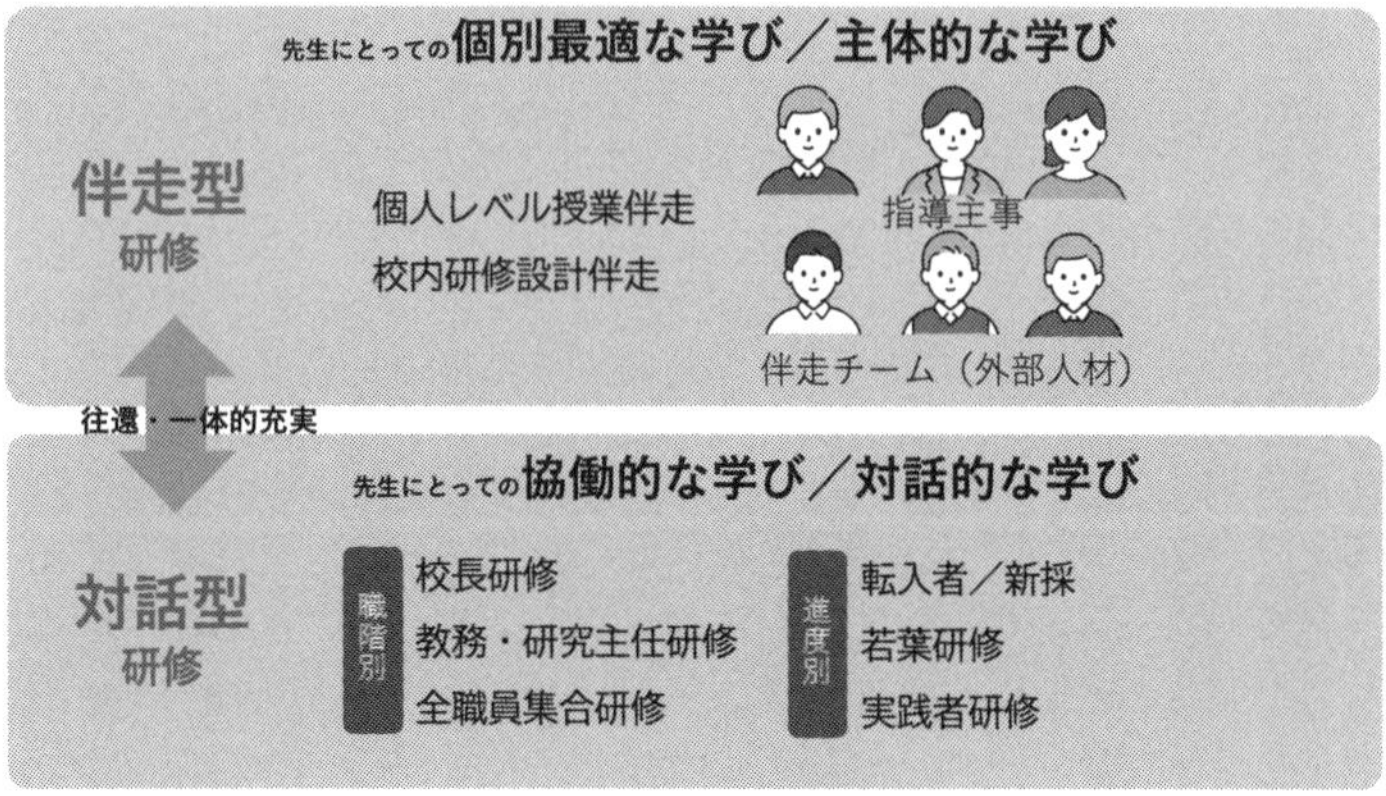

図12　研修観の転換

経験有りの外部人材として県外から登用されており、従来の教育委員会にはいないような存在でした。

個々の先生レベルで「今度算数の授業を子どもに委ねてやってみたいのですが、一緒に授業づくりを考えてもらえませんか?」とか、「今度授業で委ねてみるので、子どもたちを一緒に見てもらってアドバイスくれませんか?」とか、「子どもたちに新たな学びのスタイルで授業を始める前にオリエンテーションを子どもたちにやってもらえませんか?」とか、新しい学びに興味を持った先生が、なんでも〝個別〟に派遣を要請することができる仕組みでした。要請する際に管理職の許可を得る必要はありません。先生一個人の意思で電話やメールで派遣を要請することができます。

なぜそういう依頼をしたのか、そもそもこの先生が大事にしていることは何か、どういう子どもを育てたいのか、という根っこのコミュニケーションから入っている模様。彼がやっていることが、かつて見たことも聞いたこともない動きだったので、しばらく理解するのに時間がかかったのですが、伴走に入った先生の授業が着実に変容していく姿を目の当たりにして、今までの教育委員会と学校の間に足りなかった何かを埋めている感触がありました。

これはすっごくいいいかもしれない。この役回りができる人をもっと増やして、全校に頻度高く支援に入れるようにできないかと思い、「伴走チームの結成」をビジョンの政策として掲げ、その後伴走チームを3人体制に増強しました。いずれも教員免許保有者であり、加賀市が目指す学びのスタイルを経験している頼りになる人たちです。そして、要望に応じる個別伴走から、テーマ別（学校組織伴走、学級づくり伴走、STEAM伴走）で伴走したり、伴走チームと指導主事がペアを組むペア制にしたりと、伴走の方法も学校全体の状況を横目に試行錯誤しながら形を変えていきました。

そもそも「伴走」とは何か

新しい学びの世界では、先生の役割は、〝teaching《ティーチング》〟から〝coaching《コーチング》〟に役割を変えていくべきなどと言われています。私も内閣府にいるとき、政策パッケージでそう書きました。個人的には、コーチングでも伴走でも言葉自体にこだわりはないのですが、役割として指導を一方的にする立場ではなくなり、子どもたちが主となり動いていけるようサポートする側になるという方向性になります。

ということは、「学びの相似形」理論はあらゆる関係性につながっていくことを考えると、教育委員会と先生との関係も、〝teaching〟から〝coaching〟に変わっていく必要があると思っています。

加賀市では、伴走型研修として、伴走チームや指導主事が個々の先生の伴走支援に入って一緒に授業をつくっているのですが、私から見ていて彼らがやっていたことは、一言で言えば、先生とのフラットな関係性において、「一緒に悩んで引き出す」ということなのかなと。

これまで、指導主事という役割は、とくに教科指導のときには、いかに学習指導要領解説の細かいところが何を言わんとしているのかを読み解いて、実際に見た授業との整合性を論じ、よかったことや今後の課題になること、そのあたりを指導・助言する立場でした。ある一定の知識を伝授するという意味でteachingの世界に近いと思います。

では、いったい「伴走」はこれと何が違うのでしょうか。この「伴走」という概念は、福祉や企業経営の世界でも「伴走型支援」として重要性が説かれています。少し越境して教育ではない分野で大事にされている伴走の考え方をのぞきながら、学校の世界での「伴走支援」のあり方を考えてみます。

たとえば、経済産業省中小企業庁は、「経営力再構築伴走支援」と称して、「企業には環境変化に迅速、柔軟に対応する『自己変革力』が必要であり、経営者を支える経営支援の在り方も変革が必要」という文脈で「伴走型支援」の全国展開を進めています。また、「課題設定を行い経営を変革させていく上で、経営者は多くの壁に直面する。第三者による伴走支援によってそれらの壁を乗り越えることで自走化に導き、自己変革力の会得を促す」と説明がありますが、「経営者＝校長や教員」と読み替えれば、まさに加賀市での伴走支援もイメージが近いです。

そう、「自走化」を目指すことと「伴走支援」は、相性がいいと思っています。

さらに、「経営力再構築伴走支援モデルの三要素」というものが提示されていて、これもまた加賀市の伴走支援の世界とそっくりで興味深いです。

要素の一つ目は、「支援に当たっては対話と傾聴を基本的な姿勢とすることが望ましい」とのこと。また、避けるべき視点として、「上から目線の態度」「支援者が一方的に話をする」「次々に質問をする詰問型」と明示されています。

まさに！　これは先生への伴走支援でも絶対的に大事にしたいところです。コミュニケーションデザインでもお話ししていますが、先生たちの弱い部分、うまくいかない部分も含めてありのままを見せてもらえないと伴走が成立しません。なので、権威主義はご法度《はっと》です。

そして、要素の二つ目としては、「経営者の『自走化』のための内発的動機づけを行い、『潜在力』を引き出す」とのことです。ここもとても近い世界観があります。なぜこの学びをするのかというところに納得や腹落ちをし、自分の意思として「しよう」「したい」と自分事化できると、ある程度自分の力で進んでいく力を持ち始めるわけです。加賀の伴走も「どういう子どもを育てたいのか、どういう力をつけてあげたいのか」という最終ゴールや、先生にとって大事にしたい「軸」を浮かび上がらせるための対話を重視しています。ブレそうになったとき、手法論で頭がいっぱいになってしまったときに立ち返らせる問いかけはとっても重要です。

そして、要素の三つ目が「具体的な支援手法（ツール）は自由であり多様であるが相手の状況や局面によって使い分ける」ということです。要は、これまで慣れ親しんだそれぞれのやり方があるから、自由度を持ってやれるようにすることが適当だよってことです。これも学校の世界と同じです。先生によって授業に対するこだわりはそれぞれあります。新しい学びのあり方といっても、これまでのそれぞれの蓄積の生かし方は必ずありますし、むしろそれを生かして、授業を変えられるように持っていかないと、積み上げが生きていかず、ますますハードルが上がってしまいます。

経営に対する伴走支援のあり方を見ながら、学校での伴走支援を考えてみましたが、なんとなくイメージが湧いたでしょうか？　あとはチームメンバーの誰かが、いつかまとめてくれるといいなーという期待を込めて、私からはこれぐらいにしておきます。

伴走が必要なシーン

ふりかえってみて、伴走が必要だった、あるいは、伴走が効いてるなと感じたシーンはいくつかありました。

まずは「0から1を踏み出すとき」です。一歩目をどう出すか。

先生のニーズに応じて個別支援をする場合もあれば、校内研究に入り込む場合もあったりと、入り方は学校の要望に応じて相談ですが、先生個人の力だけで「0から1」を踏み出すのは、想定以上にハードルが高いようでした。もちろん、前向きな人はちょっと背中を押せば「いったんやってみよう！」と進むのですが、組織は262の法則（優秀層2割、平均層6割、非貢献層2割）と言われているように、学校組織だっていろいろな人がいます。今回の話においては、優秀かどうかというよりは、新しいことが好きか、変化を楽しむことができるか、というところになりますが、伴走支援の必要性は先生のキャラクターによってもそれぞれ違います。

そして、一歩目を踏み出した人からよく聞いた言葉が「これで、はたしていいのか？」ということ。「確かに子どもたちは楽しそうに自分たちからやっているけど、本当にこれでいいのかしら？」って不安になるみたいです。なので、やってみた結果を一緒に受け止めてくれて、次の一歩を一緒に悩んでくれる人が必要なんだろうと思います。「いいよいいよー。ここがとてもよかったよー。このまま進んでいくよー」って背中を押していくことで、次の一歩へつなげていきます。

そして、もう一つ伴走支援が必要なシーンは、「1から0に戻りそうなとき」です。きれいに右肩上がりで進んでいければこんな楽なことはないのですが、行きつ戻りつします。学びのスタイルを大きく変えていくので、当然ながら最初からうまくいきません。先生側のノウハウが蓄積されていないのはもちろんですが、子どもが主で動いていかないと成立しないので、子ども側にも慣れが必要ですし、そもそも何のために今までとやり方を変えたのかを子どもが腹落ちしていないと、目的意識を欠如したままではうまく自分の力で進んでいけるわけがありません。

ただ、これはやってみて気づくことばかりなんです。最初からこのあたりの要素をすべて整えて完璧にやれる人なんて誰もいないので、「これはいい！」とすぐになる人は少ない印象です。ただ救いなのは、課題設定や環境設計が多少甘くても、一斉授業スタイルよりは自分で学びに向かう子が格段に増えるので、このあたりを価値づけしながら次の一歩を踏み出してもらえるよう一緒に悩んでいきました。

「やってみて気づくことばかりです」と書きましたが、何か同じような経験をしたとしても、経験値や感度によって、「この手立てが欠けていた！　次はこれをやってみよう」と自分から軌道修正できる人は放っておいても進んでいきます。一方で次の一手が自力では出てこない人も当然います。何が足りなかったのかを探って次の一手を見つけるために、一緒に悩む伴走支援が、先生によっては頻度高めで必要になったりしますが、これも経験を重ね、慣れていけば自分で見つけられるようになっていました。

伴走マインドの転移

伴走支援は「期間限定」ということを最初から学校には話していました。各学校が組織として「自走」できるようになるには、個人の力を上げていくのと同時に、組織としての力をあげていくことが必要になります。教育委員会としての伴走支援のあり方も、ある程度プレイヤーが出てきた学校は、個人支援はやめて学校を回す研究主任や教務主任をサポートする組織支援に切り替えていきました。一方、プレイヤーがイマイチ増えていかない学校は個人支援を続けていくというような形で、ビジョン2年目は学校の状況によって伴走支援の入り方も調整していきました。

もともとこういう授業の経験がある元教員の外部人材3人が入って、伴走チームをつくりましたが、このノウハウを指導主事に転移していくという意味合いも込めて伴走チームと指導主事がペアで動くように意識して動いていきました。指導主事として、今、伴走支援をどう捉えているのか、高市英美子指導主事に聞いてみました。

そもそも指導主事は事務仕事に追われてばかりで、学校に行くことがほとんどない仕事でした。「もっともっと学校行って！」って教育長に言われて時間をつくって学校に行くようになってから、学校の変わりようが手にとるように分かるようになりました。

伴走チームと一緒に動いてみて、伴走マインドとして大事だなと思うことは、トップダウンはご法度で、先生が大事にしていること、すでにやっていることをベースにしながら、認めたり、話を聞いたりすることかなと。伴走は、自分の得意技を伝授する場でもないので、対話しながら、相手の思いや迷いを引き出して、新たな視点を促したり、背中を押したり、そういう役回りかなと。

だから、教科や学校種も関係ないと思っています。自分は小学校籍だけど、中学校の教科の先生とも、どう子どもに委ねていくのかという視点は、自分の専門分野にかかわらず話していくことができます。先生の思いを傾聴して、聞いて、聞いて、アウトプットさせてあげて、問い返して、引き出しながら、そして手法論で迷ったときは、なんのためにこれをやっているのかという「軸」に立ち返れるように問いかけるような意識で伴走していますす。あと、先生の変容を見られないと価値づけができないので、複数回足を運ぶということは必須だなと。そして何より大事なことは「待つこと」ですかね。

この指導主事の話、中小企業庁のお話ともすごく近い感覚ですよね。結局、福祉も企業経営もどの分野においても必要とされている伴走というのは、「人が変わっていくために必要な勇気や動機づけを生み出す」ことなのかなと思います。伴走支援には、忍耐と根気が必要であり、影武者なので、承認欲求とか上昇志向が強すぎる人には向かないなと思いました。ちなみに、彼女、誰よりも「待てる」人なんです。伴走にすごく向いているなと思って見ていました。

そもそも、今、全国にいる指導主事の先生たちの大半は、新しい学びを実践したことがない人ばかりだと思います。「指導」主事というネーミングがもはや古い感じですが（法律用語だからどうしようもないのですが）、今回ばかりは「指導」できる世界ではないということを自覚して、潔くあきらめたらいいと思います。教えなくちゃって気張る必要は全くなくて、一緒に授業をつくる、一緒に悩む、そこから始めてもらうだけでも、もともと力のある先生たちばかりなので、どれだけ現場の先生にとって心強い存在になるのかわかりません。

そして、こういう支援がうちの自治体にはないと思っている先生方もいらっしゃると思いますが、加賀市で伴走支援をしているのは教育委員会のメンバーだけではありません。同じような役割を研究主任や中堅層の先生が校内で担っています。ものすごい特殊技能というわけでもないので、まずは一人で孤独にがんばらせない環境をつくってみるということが、伴走支援の大事な一歩目なのかなと思います。

対話型研修の設計

さて、次は研修改革の２本目の柱、「対話型研修」です。自分の授業をふりかえって、自分の思考を言語化して話す、相手の話を聞く、こういう行為を繰り返すことによって、「リフレクション・言語化・内省・気づき・次へ」というような循環を生み出したいというねらいです。実践をしながらなんとなく先生がつかんでいるフワフワした気体のような感覚を「言語化」することによって、ぎゅっと一度個体にして形式知に変えていく行為でもあるのかなと思っています。

日々忙しくて子どもとギャーギャーやっているなかだと、気持ちも落ち着かないし、自分の授業に向き合うなんていう時間はそもそも皆無ですよね。なので、これは研修と言いながらも、そういう普段とることができない「時間を提供」し、普段一緒にいられない仲間とゆっくり考える「場づくり」だと思っています。

実際の対話型研修の流れですが、先生それぞれのアウトプットが基本となるので、それを受け止める円形のボード（えんたくん）をみんなで囲むことが多かったです。ファシリテーターから投げられる「問い」を基本として進行していきますので、その「問い」が最もこの時間の肝になります。

研修デザインをするときは、研修デザインシートをつくって、「目的とアウトカム」を何度も議論して固め切ってから、内容の話に入ります。何事もとにかく「なんのためにやるのか、それがないと底がどんどん抜けていきますし、ブレてねらったものが得られない状況になります。とは言いながらも、やっぱりついつい具体の内容について熱く議論したくなってしまい段々と混迷していくと、「なんのためにこの研修やるんでしたっけ？」っていつも戻してくれるメンバーがいます。目的がはっきりしていれば必ず答えが出ます。ああ、授業でもまったく同じですね。だから相似形。

〈研修デザインシートの内容〉

◆目的：研修のねらいは何ですか？
◆アウトカム：参加者は研修の時間が終わったときにどんな状態になっていますか？
◆ゴール：研修の時間が終わったときにどのようなことをつかめている、持ち帰ることができるとよいですか？
◆前提：参加者の雰囲気、忙しさ、状況などで考慮することはありますか？ すでに参加者が知っている情報や知識などはありますか？ 事前にやっておく必要があることなどはありますか？
◆研修概要：
◆当日のタイムライン：

研修のタイミングとターゲット

年度初めにあらかじめギチギチに研修計画を組んでいるということはなく、現場の状況を見ながら、ターゲット層を決めて内容を組み立てていきました。大前提として、先生たちの進度をそろえることは不可能であり、モチベーション設計からしてもむずかしいので、そもそもそこはねらってはいないというのは前述のとおりなのですが、大事なのは、「何も進まずその場にとどまっている人をなくす」ことだと思っています。

この層が多くなると、全体の雰囲気として「当事者性」がどんどん薄れていき、一部だけががんばっている状況になるのはやはり状況としてよろしくないです。ビジョンも学びの改革も「自分には関係のない世界」と一線引かれてしまう前に、とにかく具体の一歩を踏み出すことを後押しすることが大事になっていきます。ですから、この層の支援もかなり重要になります。

研修は、「職種別」「進度別」で設計しました。職種別は、「校長」「研究主任・教務主任」「全教職員」に、進度別には、「他市町から異動してきた人・新規採用（異動者研修）」「一歩踏み出せない人・一歩踏み出したけどまだ自信を持って進めない人（若葉研修）」「積極的に進めてきて次のステージに進みたい人（実践者研修）」といったように、ターゲットを細分化して研修を開いていきました。

人事異動に耐える

私立学校と違う公立学校の宿命として、「人事異動」があります。この毎年の恒例行事に耐えうる仕組みをつくることが改革の持続性を考えるうえでは最も重要になります。モデル校をつくらなかったことも、人事異動という変動要素に耐えうる仕組みの一つでした。実際、市内の学校間異動ではびくともしない状況が生まれ、むしろ異動を利用してブーストできる状況も生まれました。

一方で、大量退職・大量採用の流れで、新規採用のボリュームも大きくなり、また、市外からの異動件数もそれなりにあるので、新規採用職員や他市町からの異動者を対象に「異動者研修」を4月早々に実施していました。

そもそも加賀市のビジョンって何?というところから始まり、そんなことを突然言われても不安しかない、というモヤモヤした気持ちを対話形式で吐き出してもらいながら、どのあたりからやってみたらよさそうかというはじめの一歩を、教育委員会チームが混ざって対話しながら、ついでに伴走するメンバーと顔合わせして、いつでも呼んでねラブコールをするという研修の時間を設けました。

このメンバーは立て続けに、5月、6月に開催される若葉研修にも参加することになります。若葉研修では、一歩を踏み出せない・一歩踏み出したけど不安しかない、という人が対象になっているので、実践が軌道に乗っている先生から「自分のはじめの一歩」をシェアしてもらったうえで、同じ学年・教科などでグループをつくって、実際に委ねる授業を実践するための単元づくりを実践者も交えてやりました。「具体の行動につながる一歩を確実にアシストする」というのが若葉研修のゴールでした。

実は、実践者が話してくれた彼らの「はじめの一歩」は、「失敗してもいいからとりあえずやってみた」という精神論が圧倒的に大きかったです。語ってくれたメンバーは、中堅もいれば若手もいます。結局、これまでの授業スタイルへの慣性が強く働くなか、きっと誰しもある、「このままではダメだから変えるべきなんだろう」と思っている小さな動機のスイッチを押してあげられるかどうかというのが、「はじめの一歩」の世界なんだなと改めて気づいた日でした。そして、もう一つ言えることは、「今困っている人」は動くけど、「困っていない人」には刺さりづらいということです。どのあたりから進めていこうかと考えるうえで参考にしていただければと思います。

全教職員対象の研修デザイン

その人たちが置かれている立場や環境によって、乗り越える壁も課題感も違うので、当然、それぞれに効くアプローチや必要な情報も異なります。そのため、ターゲットを細分化する研修構成はある意味とても効率的・効果的でした。

一方で、一番むずかしい研修デザインは、全教職員を対象とした研修でした。毎年、夏休みに市内全教員が集合する年間で唯一の場であり、2学期に向けて、しなやかな土台をつくる大事なタイミングになります。それまでは、大きなホールに有名講師を呼んで話を聞いて終わる、という一方向の楽ちん一斉研修でしたが、そんなもったいない時間にするわけにはいきません。ただ、本当にむずかしい研修デザインでした。

ビジョン2年目の集合研修では、チームメンバーで、研修デザインシートを何度もつくりなおし、相当悩んだ末、実践をどんどん生み出したい気持ちをぐっとこらえて、「原点」に帰ることにしました。

テーマは、

何のために子どもに学びを委ねるのか自分で言語化する。そして自分の大事にしたい〝軸〟を浮かび上がらせる時間にする。

ビジョンを自分なりの形に変えてもらう時間にしました。当時は、たいていの人が一歩踏み出して授業を変えようとした経験を持ち、具体の手法論の悩みにどっぷり入っている時期でした。「教育委員会は自由進度学習を求めている」「大きく委ねれば委ねるほどいいと思っている」など、事実にないことも飛び交ったりしていましたし、何より小手先の上っ面だけの手法論の世界に入ってほしくないという思いもありました。

なので、実践するなかで、迷ったときの判断基準になるようなそれぞれの確固とした「なんのためにこの学びをするのか」という軸を浮かび上がらせることに焦点化しました。この先、よりよく自分の力で変わり続けるためにも、ときどき原点に帰ることは大事なプロセスだと思っています。

そして、テーマ設定の次に大事になるのが席配置。「この先生は、あの先生ぐらいの思い切りに触れるともう一段上がれそうかな」とか「グループを引っ張る役割をしてもらって、自分の取り組みに自信をつけてもらいたい」などなど、先生たちの顔を思い浮かべながらメンバーが時間をかけて席決めしました。４００人弱なので、顔を浮かべながら議論できる規模です。これが何より時間がかかります。

そんな形で、対話型の研修を組みました。回りくどい研修ではあったと思いますが、2学期終盤頃に先生と話をしていたら、「いろいろチャレンジしてみて、うまくいかないときは、やっぱり元に戻した方がいいかなって思うときもあるんですが、自分が大事にしている軸とか、こういう子どもを育てたいという思いがはっきりしたので、ちゃんと自分の力で戻ってこれるようになっています」と言っていました。

また、進んでいる学校にとっては今さらの内容かなとも思いましたが、逆にそういう学校にもハマった内容でもありました。よりよく進化するために、軸を浮かび上がらせることと、これを夏休みにじっくりできたのは、本当に大きかったなと思います。

本当の意味で「対話」ができる場づくり

ちなみに、「対話」は言うは易しですごくむずかしい行為です。人の話を聞く、本音で話す、自分と向き合って内省して、次の一歩をまた見つけていく、そういう一連の行為なので、安心して本音で語り対話できる場でないと意味がまったくないわけです。

着任したばかりの頃の研修は、まず始まる前の雰囲気は、スーツをかっちり着て、始まるまでは私語をせずに黙って待っていて、「定刻になりましたので、ただいまより、〇〇研修会を始めます。冒頭、教育長よりご挨拶です」みたいな感じで、これまたスーツをかっちり着た指導主事のピリリと硬めの締《し》まったアナウンスで始まっていました。そんななか、「皆さん、さぁここからは本音で語りましょう」って言われても、誰が話せるか！ってことなんですよね。今までの雰囲気は、ある意味「締める」ための場づくりだったわけです。不祥事防止研修とかそういうものには向いていますね。その真逆を今回やろうとしているので、場づくり自体の発想を変えないといけないと思います。

ただ、最初から私たちのチームに、対話型研修をスムーズに回せるようなノウハウはもちろんなかったので、研修の組み立てやテーマ設定などは、NPO法人学校の話をしようの皆さんに伴走してもらいながら、新たな対話型研修の形を模索していきました。私たちのチームメンバーも、この対話型の研修をまず受けてみました。こういうのは圧倒的に習うより慣れろの世界ですね。

先生たちを対象にした対話型研修では、研修が始まる前に無印良品のお店にいるみたいな音楽をかけて、雰囲気を柔らかくしておいて、チームメンバーもBE THE PLAYERのおそろいのTシャツを着て出迎え、雰囲気をやわらげる場づくりをしました。全教職員が集まる大きな研修などでは、教育委員会メンバーは黒子に徹して、対話のファシリテーションもNPOの皆さんに進行してもらいました。

役職でお互いを呼び合わない、この時間だけは呼ばれたい名前でお互い呼んでもらうようにする、自分の感情をしっかり自分で見つめられるようなアイスブレイクから始まり、フラットな関係性を冒頭で丁寧につくってから対話が始まります。アウトプット用に使う円形ボードは、みんなの膝で支えないと崩れてしまうので、いい感じで膝を突き合わせたいい距離感になり、話もよくはずむ構造でした。

彼らの考えたくなるような「問い」をどう渡していくのかが対話型研修の肝でした。そういったプロの仕掛けも入れながら、場づくりしていったわけですが、大事なのは日頃の教育委員会と学校の関係性がすべてのベースになります。関係性が変わってきてからは、研修で見せる先生たちの姿はまったく違うものでしたし、対話のなかで出てくる内容も、苦しんでいることも、楽しくやっていることも含めて吐露してくれるような場になっていました。

そしてもう一つ、モデル校をつくらず全校で進めてきたので、「皆がわからないことに取り組むということが土台として同じなので、安心して自分の気持ちが言える場だった」ということも先生は話していました。これはけっこうポイントではないかと思います。

しばらく教員研修の話をしてきましたが、全部授業に置き換えても通ずることがたくさんあります。しつこいぐらい先生の学びと子どもの学びはつくづく「相似形」だなと思います。

進む組織、進まない組織

研修のターゲティングの話と関連して、進む組織で見られたことをお話しします。チーム全体のチューニングと、伴走支援をどういう形でどの学校に入れていくのかについての作戦を練るために、現場の先生たちと接点が多いチームメンバー10人ぐらいで定例ミーティングを行っていました。

そのなかで、組織全体で進んでいく学校の共通点の話が出てきました。それは、「①管理職が邪魔をしないこと、②引っ張れる主任層がいること、③前向きに実践する人が2名以上いること」、この3点がそろっているのではないかということです。

一人だけがんばる人がいても組織はなかなか動いていきません。でも、組織のなかで複数のベクトルが行き交いだすと、ぐぐぐっと動いていくという状況は何校も見てきました。進んでいく学校の共通点三つについて、それぞれ見ていきます。

校長先生の反発はあったのか

一つ目の共通点である「①管理職が邪魔をしないこと」については、文字どおりです。やってみようと思っている先生を止めていない。それだけです。「校長の反発はなかったんですか？」というのが他県の方からの頻出質問なのですが、加賀では真っ向から反発してくる校長先生は誰一人いませんでした。本当に。最初から思い切り共鳴してくれた校長先生もいたくらいです。ただ、後々の飲み会の席では、共鳴した人は少数派であり、最初は多くの人が半信半疑だったと打ち明けられました。子どもに委ねて本当に力がつくのか、そもそも具体のイメージができないから、いいも悪いも想像がつかなかったと言っていました。

「最初はこんなのうまくいかないと思っていたから、教員にとりたてて勧めることもしなかった。でもやり始めたクラスの子どもたちがどんどん変わっていく様《さま》を見て、これは悪くないかもしれないと気持ちが変わったわー」と校長先生対象の対話型研修のなかで、退職間際の校長先生が白状していました。以後それをネタに、最初は信じてくれなかったくせにーって笑い話していましたが、こういうのは普通の拒絶反応だと思います。

また、校長クラスになると授業をする機会がないので、新たに実践者にはなり得ないわけです。自分で感覚的な手応えをつかむことはないので、一般の先生たちより実感を得づらいところは正直あります。ＩＣＴ利活用なんかも同じような話になりますよね。

ただ、間違いなく校長次第で学校はいかようにも変わります。言わずもがな最大のキーパーソンです。この人たちに一緒に旗を振ってもらえないとまったく進まない。ただ「共感」まではすぐにとれない。ですので、先生たちを止めないあたりのラインを目指して、「大事なことは何度も言う」精神で、伝え続けました。毎月の校長会では、あの手この手と視点を変えて、結局は同じ結末、「やってみましょう、このまま進みましょう」を言うということを繰り返してきました。

ただ、具体の各学校のやり方は校長先生に任せました。「〝BE THE PLAYER〟に向かうのであれば、あとは校長先生の好きにやってもらっていいです。応援します。責任は全部とります」、それだけ伝えました。

結果的には、私も止められないぐらいの強いリーダーシップでどんどん進む校長もいれば、職員をうまーく包み込みながら職員を褒めておだててやる気にさせて進ませる校長もいれば、主任層がうまくリーダーシップをとれるように組織のあり方を根っこから変えて組織マネジメントを梃子《てこ》にして進めた校長もいればと、スタイルは皆それぞれでした。また、同じ山を登っているのだけど、具体のアプローチや主とするテーマ設定もだいぶ各校長の個性が出ていました。昔から市の研究指定校なるものがあり、加賀でも小中1校ずつ枠があり、自ら手があがることはかつてなかったようですが、4校が自ら手をあげてくるやる気っぷりに思わず笑いました。

校長先生だって個性があるし、やりたいことがあるんですよね。自由に泳げる余白がある環境が大事で、その方がやっぱり人はエネルギーが出るんだなと改めて思います。

主任層は同志

進む学校に見られた二つ目の特徴は、「②引っ張れる主任層がいること」でした。学校には、中間管理職的存在として、主任が何人かいます。石川県の場合は、教務主任、研究主任、生徒指導主任の3人です。個人的に、この層の人たちは自分と同世代がほとんどで、子育てでも仕事も忙しく境遇も近い人が多かったこともあり、最も親近感を感じながらとても頼りにしていて、私にとって同志みたいな存在だと勝手に思っていました。

校長先生に絶対的に守られ支えられながら、主任の先生たちが自分の意思でのびのび自由に動いて、職員を引っ張っていけると、やっぱり組織がしっかり動いていきました。

ビジョンを出してから、学校研究はどの学校も「学びを委ねること」を基本としたものに変わっていったので、この主任層がこのビジョンを支える各学校の大黒柱になります。この層の先生たちが、誰よりも早く実践フェーズに入り、学びを変えることに対するよさも、超えないといけない壁も、身を持って実感することで、周りの先生たちに対しても自身の言葉として語り、巻き込む流れをつくることができたのは、改革を加速させた大きな鍵になっていました。早い時期に、この層に伴走支援に入れたことが奏功した感覚です。

この主任層がどれだけ連携して、引っ張っていけるかどうかで、加賀が本当の意味で、全校全員での団体戦をやれるかどうかが決まります。研究主任と全体統括する教務主任の研修は、より丁寧に設計しました。3学期には、次年度に向けた研究構想や年間計画をじっくり考える時間をわざわざ集めてたっぷりみんなで話してもらいました。生徒指導主任も、生徒指導は授業からという意識や、子どもが自律した学び手になれるような授業を実現するための土台づくりという視点を持ってくれていました。各主任層のベクトルが融合すればするほど、組織の動きは当然加速していきました。

一人と二人は雲泥の差

進む学校に見られた三つ目の特徴は、「③前向きに実践する人が2名以上いること」でした。

「組織全体で広げる・全員でやっていく」ことを考えたら、学校内で推進役が旗を振ったら、それについて行ったり、一緒に試行錯誤してくれたりする存在が推進役とは「別に」必要なんです。ですので、「他校に実践を見に行かせるときは、なるべく二人以上一緒に出してほしい」と校長先生に無理を承知でお願いしました。一人で持ち帰って、こうでしたって見ていない人に話してもやっぱり伝わるものには限界があります。でも二人で行けば、うちの学校なら何ができるかなって話して、一緒にトライしてみてと、その後の影響力が全然違ってきます。

加賀が少しラッキーだったのは、小学校17校中、学年に1クラスしかない学校が8割と、小さい学校が多い状況だったので、学校に実践者が二人いれば、すでに3分の1の学年で実現していることになります。なので、そろそろ自分のクラスもやらないと、と思う雰囲気にもなりやすかったということはあります。

ただ、その後の推進力という意味では、学年で複数クラスあったほうが、同じ単元で議論も盛り上がりバリエーションも出るので、大きい方が強いなと思うこともあったりします。いずれにしろ、小さかろうが大きかろうが、それぞれよいところはあるので、規模を言い訳にしないようにしたいところです。

全国でも、積極的に新しい実践をその学校一人だけでがんばっている先生をけっこうお見かけします。ただでさえ個人商店化しやすい職業なので、一人の取り組みがとんがればとんがるほど、広がる気配を見せることは残念ながらない世界です。

あの先生はがんばっている、あの先生だからできる、あの先生は変わっている、いろいろな見方をされます。うちのクラスとは子どもが違う、発達段階が違う、キャリアが違う、いろいろ違うところ探しが得意でもあるのがこの業界の特徴かなと思うので、本当に広げたいような取り組みであれば、一人ではなく、仲間を増やして二人以上でやることが大事だなと思っています。複数で他校の授業を見に来る学校は、変わるスピードも速かったです。そしてそれを大きく後押ししたり、そういった雰囲気をつくることができるのは、管理職や主任層の皆さんだと思います。一人にしないであげてほしいです。

第4章 授業デザイン・学びの空間デザイン

今回は、授業のハウツー本を書いているわけではないですし、そのあたりは先生方がたくさん実践本を出されているので、具体に手法論を細かく書くつもりはありません。期待されていた皆様、ごめんなさい。

私は、先生たちがどういう思考で授業をつくっているのか、どういうことで授業の成否を判断しているのか、というあたりを気にしながら授業の変容を見届けてきた立場として、彼らが創造してきた「授業デザイン」や「学びの空間デザイン」について書いてみようと思います。

あの子が気になる空間

よくある一斉型の授業を見ているなかで、私自身一番気になるのは、意味のない「ゼロ」の時間を過ごしている子どもの存在でした。現れ方はいろいろです。目にパワーを感じられずにやる気なくうなだれている子もいれば、座っていられなくて立ち歩く子もいる。暴言を吐いて授業を妨害する子もいれば、近くの子にちょっかいかけて絡んでいく子もいたりします。そしてその背景も、学力的な厳しさ、逆に授業が簡単すぎる無意味さ、発達障害から来る困難さ、家庭環境の厳しさから来るストレス、生活リズムが逆転しているしんどさ、本人も分からない無気力さなどこれまた本当にバラエティ豊かです。

一つ断言できるのは、「みんな一緒に、同じことを、同じ方法で」をしている空間は、こういう子たちがとにかく目立ちます。教室の空気としても、先生からのネガティブな注意が入りがちになりピリリとしますし、他の子はまたかとうんざりした顔をしたりと、清々《すがすが》しくない空気が流れ続けます。

何より子どもたちだけでなく、先生たちの表情がとても苦しそうでした。こういう環境に教員以外の支援員によるマンツーマンの支援をどんなに入れても残念ながらあまり状況は改善されないんですよね。うちの子は手がかかる、人が足りない、人が足りないといたちごっこは続きます。こうして、これまでの学校は、必死に枠からはみ出る子をなんとか枠内にいれるための支援を一生懸命やってきたわけです。

そういう「目立たされている」子どもの横に座って、ノートの中身とか筆箱などの持ち物の状況なんかを見ながら、近づいて話しかけてみると、「だってつまらんもん」とか「超たるい、眠い」とか「全然わからん」とか消しゴムのカスをぐるぐるまるめたり、ノートや教科書の角を意味なく折ったり丸めたりしながらいろいろな表現を返してくれます。単純に、あの子たちにとって、あの環境が居心地悪いんだろうなと感じました。「環境」としてまったく合っていない。そういう負の気持ちがつのって、さまざまな形でみんなと違った姿として表出しているということかなと。

　であれば、環境を変えるしかない。先生たちがたどり着いたのは、必要なのは「指導・支援」ではなく「環境」設計という世界観。そして、忘れてはならないのは、大人側から見て困るあの子「以外の子」の存在です。本当はそれぞれ色があり、みんな一人ひとり違う。学びやすい方法も思考のクセもそれぞれ違う。だから一つの最大公約数的な環境でなく、できるだけそれぞれの色を放つことができる多様な状況が許される環境にしたい、そういうイメージを強く持っていました。**図13**にあるようなイメージです。白黒印刷だと見づらいのですが、左の図の枠内は同じ色の●で、はみ出ている●だけ別の色です、右の図の●●●●はみんな色が違います。

意識改革は後からついてくる

明治の学制発布以来、150年間長らく続いてきたこの授業スタイルを変えるためには、まずは何よりも「意識改革を」という発想になると思います。視察で来られた教育委員会や学校の方々から「うちは意識改革が全然進まなくて困っています」という悩みをたくさんお聞きしましたが、人がそれまで大事にしてきたものを変えろということは、そうたやすいことではありません。

もちろん、ビジョンに掲げた理想を実現するためには、先生が子どもをどういう存在として捉えるのかという「子ども観」や、教師はどういう存在であるべきかという「教師観」、授業という世界をどう捉えるのかという「授業観」、こういった教師の根っこになる価値観が変わらないと実現

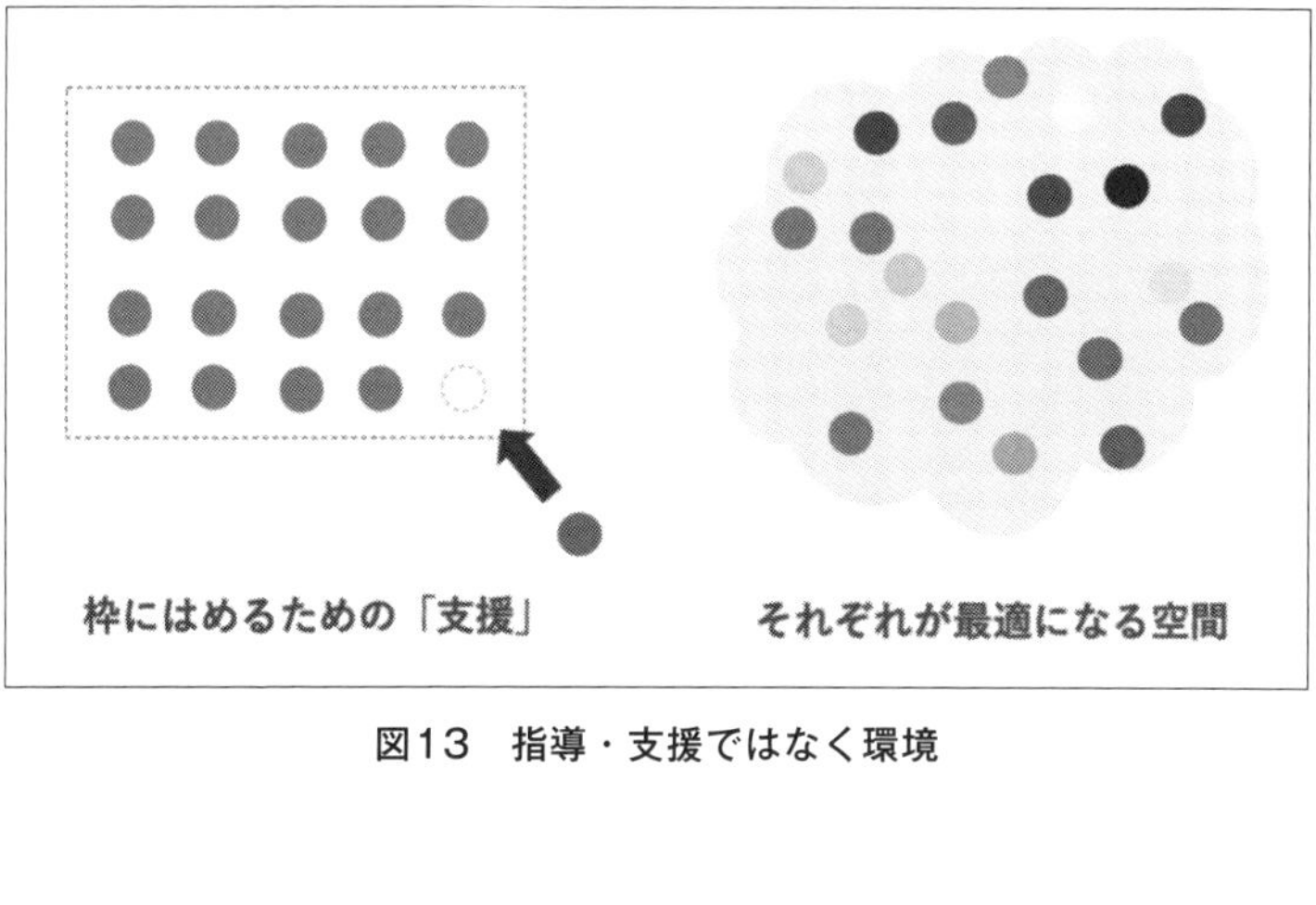

図13　指導・支援ではなく環境

ができないのは確かです。

ただ、結論から申し上げれば、意識改革はあとからついてきたものでした。やってみて試行錯誤しながら、じわじわと考えも変わっていって意識改革が進んでいき、気づいたら価値観がだいぶ変わっていた、というような感じです。なので、「まずはやってみよう」という状況にどう持っていくかというところかと思います。

研修デザインでお話ししたような支援も継続的にしてきましたが、一番最初にやったことは、安っぽく聞こえるかもしれませんが情に訴えました。

「失敗大歓迎。いくらでも失敗してください。だから、とりあえずやってみてください。やらないと良いも悪いもわからないので、一歩踏み出してみてください。私たちも一緒にがんばって伴走して悩んでいくので」ということをずっと言い続けました。

その後、「失敗を許された」という環境が大きな後押しになったと本当に多くの先生に言われました。そもそも先生たちが何をもって失敗と捉えるのかよくわかりませんが、子どもの命に危険が及ぶとか人権が侵害されるとか、そういうことでない限り、教育現場で〝失敗〟という概念は生まれないと思っています。それにすでに一斉授業で苦しい子を落としている時点でなかなかの状況だと私は思っているので、もう「よく」にしかならないからどんどん思い切ってやってくれー、とそんな感覚でした。

そもそもあのまじめな教員集団で、失敗しようと思って失敗する人なんて誰もいないなんてことはわかり切っていることです。

ただ、先生たちの「失敗を恐れる体質」はけっこう根深いなと思います。それぐらい、教師という仕事は、保護者からも世間からも厳しい目にさらされており、「失敗」を許容されない環境にいつの間にかなってしまいました。大過なく過ごす、ということが一つの価値になり、人によってはそれが評価軸となり、変化を好まない組織になりました。

今回の学びの改革を進めたことで、子どもがまったく成長しないとか、逆に落ちぶれていくような「失敗」が生じたとしたら、それは私の責任です（いや、市長が言い出しっぺなので市長も——笑）。学校や先生の責任構造にしなかったことも、学校のチャレンジを生み出すことができた一つの環境だったかなと思います。もちろん、分権の考え方として、権限と責任を学校に移譲していくことは大事なことですが、SNSも発達した現代は、保護者からも、隣の学級や隣の学校と常に何かを比べられて、違うことに対してさまざまな感情を抱かれます。

各学校がこういう環境のなかで「ゼロリスク思考」に走ると、組織として自ら変革する力を確実に失うので、やはりリスクと一緒に引き取るところは引き取っていく政治的リーダーシップや覚悟みたいなものは、こういう時代だからこそ大事だなと感じます。

さて、ようやく一歩目が出たとしても、思ったとおりに子どもが動かなくて、玉砕していく姿もたくさん見てきました。「やっぱり全然ダメだぁぁ～」となり、得意な世界にすぐに戻ろうとします。そこをうまく伴走しながら、「こう修正したらうまくいくのかもしれない」という視点になんとか持っていっていき、またチャレンジして、修正して……あとはそのサイクルを繰り返していき、手応えをつかんでいけるかどうかの世界です。

失敗は、それではうまくいかない道を探すことができるってことです。

とにかくやってみよう精神で一歩目を踏み出してくれた人を大事にして、失敗しようが成功しようが、価値づけてあげて、また次の2歩目を出せるように全力でサポートすること、それに尽きると思います。

意識改革はそう簡単ではないです。でも「いったんやってみること」は意外と近道です。

意識改革でもう一つお話を。ビジョン1年目には現場の校長として、私から見ていてもビジョンの目指す教育観と自分が信じてきたこれまでの価値観との間で一番葛藤し、ビジョン2年目には教育委員会で事務局次長として私とともに旗を振る立場になった北市康徳という人がいます。彼が教育委員会に着任する直前に、自分の思いを何枚にもわたる資料にまとめて説明をしてくれたのですが、そのときは私の考えと近いと言えるような感じでは正直なかったんですよね（笑）。彼はもともと中学校教員で高校受験も嫌というほど意識してきましたし、自分が信じて積み上げてきたものとの違いについて、何度も何度も私やチームメンバーと対話を重ねていました。現場の先生たちの表情の変化や彼らの成長、そして何より子どものイキイキとした姿などを一緒に追いかけながら、北市次長自身も必死に学んで学んで脱皮して、少しずつ少しずつ変わってきたんだと思います。今では誰よりもBE THE PLAYERを信じて旗をブンブン振り、加賀の学びの改革をドシッと構えて支えてくれている私の尊敬する人です。

目指したのは自由進度学習ではない

いわゆる「個別最適な学び」の一手法として、学習の進度を個々に委ねて自由に進度を調整する自由進度学習がありますが、加賀市はそれをやろうと掲げて改革を進めているわけではありません。子どもたちの学びの苦しさを救うことを考えたときに、苦しみの大きな要素となっている「みんな一緒に」というペースに縛られていることを解き放してあげないと解消できないというところがあったので、結果として一手法として、進度を自由にして子どもたちがそれぞれ進めていく方法が広がりました。なので、たとえば、授業を見た人が「これは自由進度学習と呼べるのか?」というような議論をしているのだとしたら、私たちにとってはどうでもいい話でまったく価値がありません。

自分自身の力でよりよく変わり続けるために、手法を目的化しないということは常に意識していたところなので、教育委員会からは、「子どもに学びを委ねよう」と言っていました。手法を縛らない程度の抽象度にしながらも、割と振り切った表現の方が現場の意識を傾けることができると思っています。誰からも批判されない表現だと中庸にどんどん寄ってきて、結局方向性が見えずに誰も何も動いていかないので、はっきりと「学びのコントローラーを子どもに渡す、先生のコントロールを放していく」ということを意識してもらうように伝えています。

「委ねる」ってどういうことなんだろう、自分たちが育てたい「自律した子どもの姿」ってどういう姿なんだろう、といった本質的な意識合わせは、各学校で何度も何度も話され、研修の機会がたくさん持たれました。そこが大事だと思っています。

子どもに委ねて、子どもを学びにうまく乗せていける先生の放つ言葉は「粒度」がとてもいいんです。言い過ぎず、言わなさすぎず。子どもたちの試行錯誤を奪わないようないい大きさの言葉を子どもたちに渡している。そういう先生の振る舞いに私も大いに学びながら、また私から先生にどういう粒度で言葉を渡していけばいいのか考えつつコミュニケーションをとっていく。そんな循環も日々たくさんありました。

子どもと目的を共有する

ここから先のお話は、先生が試行錯誤しながら彼らが自ら生み出してきた授業デザインです。つくづくクリエイティブ集団であり、それぞれが強いこだわりを持つアーティストだなと思います。子どもにとってよいと思えば、子どもを見ながらこれだけいろいろなものを生み出していくことができる人たちです。私にはできない仕事だなーといつも羨望《せんぼう》の眼差しで横から眺めていました。

まず、子どもに学びを委ねたときに「思ったとおりに子どもが動かない」問題については、子どもからしてみれば当然の事態です。ある小学校6年生担任の先生が言われたようです。「僕らにはこれまでの積み上げがあるんです。立つな、しゃべるな、ちゃんと聞くようにと言われてきたのに、急に立ち歩いたり、友だちと話しながら学んでいいよと言われても突然できないです！」と。もうぐうの音も出ませんよね。おっしゃるとおりです。なので、子どもたちになぜ学びを変えるのか、変えるとどんないいことがあるのか、どういう力を育てていくのか、そういうことを徹底的に子どもと共有する先生が増えていきました。小学校1年生であっても、です。

これはビジョンを先生たちに共有するときと同じ構図です。必要性を理解できないままですべきことが「指示」と受け取られてしまうと、心がまったく動かないのは当然です。なので、できる限り本人自らが意味づけをして、「しようかな」「したいな」ってなるような構図に持っていきたい。それは子どもも同じことです。

方法はさまざまでしたが、学年集会や学校全体の集会などで、ことあるごとに共有したり、子どもや先生がロールプレイングしたり、毎時間授業が始まる前にしつこくつけたい力を確認したり、何のために学びを変えるのかというポスターが各教室に貼られていたりと、授業の主役になる子どもが目的意識を持てるかどうかは、この学びの大事なスタートラインとなりました。

要は、子どもを子ども扱いしないということと、授業をつくるのは自分（子ども）であることを自覚するマインドセットなんですよね。このあたりは、中学校が先に進んでいった感覚があります。この学びの改革が始まったばかりの中学生は、小学校で自己調整力などが育っていない状況で中学校に入っているので、授業の受け身歴が小学生より長いです。なので、授業が変わることに対する子どものとまどいや変化の幅も大きいので、学び集会のような取り組みは中学校の方が先行して、より丁寧に進めていた印象があります。

「こういうことを○○中はやっているらしい」という情報をつかむと、さーーっと市内の学校に取り組みが広がっていくのも加賀市の強さだなと思います。ちなみに、先生自身のお子さんが市内の他校に通っている状況も多々あるわけですが、保護者として他校の情報をつかむというような動きがあるのもおもしろいところでした。

「自由」と「規律」のせめぎあい

本格的にスタートを切ってから半年ぐらい経ったあたりですが、「自由」と「規律」のせめぎ合いに苦しんでいた先生が多かったです。子どもたちに自由を与えると規律が崩れるという感覚。一定真実で、一定単なる大人の都合。この頃、「島谷のつぶやき」では、こんなことをつぶやいていました。

実践の進捗度合いに限らず、子どもに「自由」を渡すことと「規律」が崩れる葛藤っていうのは、教師という職業上、かなり根深い悩みなんだなと改めて認識しました。

教師主導の一斉授業を成立させるためには、ある程度教師側で子どもを支配（あえてそう言います）・コントロールできて、言ったことに従わせる関係性が必要なので、そのための「規律」が必要でした。勝手なことをさせない、同調圧力でつくりだす乱さない雰囲気が先生にとって大きな助けになるわけです。子どももこの規律がだいぶ染みついているので、突如学びを委ねられた小学校高学年のある子どもからは、「僕らにはこれまでの積み上げがあるんです。立つな、しゃべるな、ちゃんと聞くようにと言われてきたのに、急に立ち歩いたり、友だちと話しながら学んでいいよと言われても突然できないです」というようなことを言われた先生もいたとか……（笑）。

子どもに委ねる授業では、これまでの一斉授業では「ダメ」と言われていたことが「OK」になります。子どもがとまどうのは当然です。でもそこを見越して、新しい学びを始める前に導入ガイダンスを丁寧にやっている学校もたくさんあって、さっすがだなーと感心しています。多くの学校は、「学び方を学ぶこと／自分で選択していくこと／多様な人と議論していくこと／これがみんなの人生の大きな大きな味方になること」そんなところを伝えていました。

あともう一つ、上記の子どものエピソードをガツンと受け止めて思ったのは、この授業は「先生とみんなで一緒につくっていくものであること」、それが伝わることが必要なのかもしれないなと。

伝え方はなんでもいいのですが、授業の進め方を変えることについて「みんながもっと楽しく学べるように、力をつけることができるように、もっとよくしていきたいから先生も挑戦する。でもこの授業は誰一人欠けることなく全員の力が何よりも必要で、先生とみんなで一緒に授業をつくっていきたい」ということも子どもに伝わるといいのかなと。要は「授業は先生にやらされるもの」というマインドから脱却したいという意味で。

でもこれがしっかり子どもに「伝わる」には条件があると思っていて、その言葉の裏に、【先生が心から子どもたちに力を借りることを望むこと】【先生が子どもの力を信じ切ること】【先生と子どもの関係性が「フェア」であると認識していること】このあたりが肝になるのかなと。

だいぶこの授業スタイルが定着したあるクラスの子どもたちは、今の委ねられている授業のことを「ぼくたちがこれまで新しくつくりあげてきた授業」と言っていました。主導権が完全に子どもに移るように仕向けている先生に脱帽です。

我慢すること、待つこと、信じること

子どもに学びを委ねたときに、よくある困りごととして、「まじめにやらずに遊ぶ子たちが出る」ということがあります。自由になって適当に友だちと無駄話をして過ごすようなグループもよく出ます。正直、しばらく忍耐が必要です。子どもも当然慣れるまで時間がかかります。これまでは時間を細切れにされて、言われたことをやればよかった世界から、自分がコントロールできる時間や内容の幅が大きくなるというのは、子どもにとっては大きな変化であり、何をどうしていいのかわからなくなるのは当然のことです。それまで育んでこなかった自律した学習者になるための自己調整力などを育もうとしているので、その力がそもそも子どもたちには備わっていないわけです。

つい遊んでふざけてやらない子どもの姿を見て、「ほら、だからやっぱり子どもは自分の力では進めないし、自由にすると遊んでしまうからダメなんだ」と子ども性悪説の考え方になり、枠にはめる教育に戻ったら、いつまで経っても自律することは不可能です。「うちの子は主体性がないことが課題です」という学校のセリフはこれまでごまんと聞いてきましたが、主体的に動ける場面がたいしてない状況で、どうやって主体性が育まれるのかということだと思います。最初はぐっと我慢です。「島谷のつぶやき」でも、こんな

ことを伝えていました。このとき明確に、思い悩んでいたあの先生に届いたらいいなという思いで書いていたことをよく覚えています。

子どもを主役にする授業にトライしてみたけどイマイチ手ごたえが感じられない、という先生へ。先生と同じで、子どもたちも慣れが必要です。45分、50分を集中しきれない子がいたり、ふざけたりして進まない子もいる。そういう姿を見ると、やっぱりこれはうまくいかないな、と思うかもしれない。

一人ひとりが鮮明によく見える授業なので、全部見えちゃう。それぞれの思考回路まで見える。ごまかしが効かない。

「我慢すること、待つこと、信じること」、これが大事なのかなと。

ずっと見ていると、「ヤバっ、そろそろやらないと終わらない！」って急にスイッチ入って、すごい集中力で始める姿も見えます。その時間はまじめに取り組めず、反省して次の時間のときに取り返しに行く子もいる。

「自分で学べる人になる、自律した学習者を育てる」、そのために学びを変えようとしています。先生たちにも試行錯誤が必要なのと同じように、子どもたちにも存分、試行錯誤をさせてあげたいなと私は思っています。

我慢、待つ、信じる。

なんだか似たようなことばっかりつぶやいていましたが、この頃は、いったん子どもたち信じて待ってくれー耐えてくれー、とひたすら思っていた時期なので、何度も同じようなことを繰り返してしまったようです。こうやってふりかえると、最初の頃は、先生自身のこれまでの価値観との葛藤なんですよね。なので、けっこう苦しさもあり、モヤモヤも大きいので、この時期の伴走支援は効果が大きかったなと思います。

学びの地図を開示する

自分が子どもの頃は、授業の時間割表ぐらいはもらっていたけど、明日、ましてや1週間後に何を学習するのか、また、自分たちがどんな力をつけるためにこの授業を受けているかだなんて知るよしもなく、たいてい開けてびっくり玉手箱状態だったなーとふりかえります。それでも授業が成立していたのは、子どもは受け身でいればよかったからです。

しかし、今回求めているのはBE THE PLAYERに近づくための子どもの姿です。子どもが主体的に自らの意志で進んでいくことを求める限り、彼らがどこに進むべきなのか、「地図」を持っていないと進むにも進めません。なので、先生たちは、徹底的に子どもにこの「学びの地図」を開示していくようになりました。

先生たちは明日の授業のことを前日に考えるのではなく、単元（一つの学習のかたまりのことで、〝円の面積〟〝あまりのある割り算〟〝相似〟というようなユニットのイメージです）の単位でデザインすることが絶対的に必要になり、この単元を通して、どの場面でどう子どもに委ねていくのかを綿密にデザインしていきます。そのときに最も大事にしているのが、「子どもにつけたい力」や「自律した学び手としての子どもの姿」を明確にして、そしてそれを子どもにも開示することです。ここが落ちるとうまくいっていませんでした。先生だけがゴールを把握していて、先生がコントロールしながら、子どもが気がつかないうちに導かれているという流れが従来の感覚ですが、今回求めている授業では、進んでいくのは子どもたちです。なので、彼らが自分のゴールをしっかりイメージして道を歩いていけるように地図を渡す、ということが必要になります。

そして子どもに渡す学びの地図は、発達段階によっていろいろなパターンを見ますが、低学年は紙であることも多いものの、中学年以上は子どもたちのPC端末に送られているパターンをよく見ました。問題やヒント、アウトプットするシートや参考資料・動画など、あらゆるものとリンクがかかっていて、学びに使うものがすべて凝縮されているようなスプレッドシートをつくっている先生も多いです。この単元で最終的につけていく力を得るために、今自分はどこにいるのかということがわかるようにしています。単元内の計画づくり自体をゴールから逆算して子どもたちがやっていくパターンもあります。

ＩＣＴが得意な先生のなかには、子どもたちの進度や状況が一目瞭然になるような設定だったり、単元マップと手立てをセットで組み込みやすいフォーマットをつくったり、独自のアプリを開発したりする先生も現れました。この探究心、すごいの一言です。

「一斉型の授業はもうまったくないのですか？」とよく聞かれますが、しています。ただ、今までの一斉とは意味合いが違います。ある学校は意識として、「一斉授業と子どもに委ねる授業を単元内で組み合わせ、身につけさせたい資質・能力が確実に身につくよう単元デザインしていく」と説明していましたが、どの学校もそういう感じです。そして一斉か委ねるかという二項対立ではなく、そこはグラデーションがある世界であるということも意識していきたいところです。二項対立ほどくだらない無駄な議論はないと思います。

先生の思考の変化としては、最初の頃は、単元のなかでどこの部分であれば子どもたちに委ねられるか、という基本一斉授業ベースから委ねるポイントを探していくという感覚から、基本委ねていくとして、一斉にみんなで共有する時間をどこで効果的に入れていくのか、という感覚に変わっていきました。教師の出場や一斉にみんなで同じ時間で共有する内容を相当吟味するようになっていきます。一斉を、単純な知識・技能を教える時間というよりは、たとえば、自分で学びたい！と揺さぶることができるような動機づけするためのウォーミングアップの時間にするだとか、委ねたときに個々でうんと出しきった考えをみんなで練り上げるための時間にするだとか、どうやらそういうイメージになっています。

ここまでの発想に到達するのは、市のなかでも先頭を走っている先生の思考にはなりますが、「旧来型の一斉指導はもうやれない。時間がもったいないし、子どもの姿が全然違うから戻れない」と話していました。

一番苦しい子の姿を想像する

この子どもが主役になる授業、子どもに学びを委ねていく授業は、コントローラーを教師が持てない分、いかに「環境」に意図を仕込むかが重要になります。その環境を考えるときに何を一番大事にしているかを先生に聞くと、「一番苦しい子が進める環境」と答える先生が多いです。「具体的に子どもをイメージして、一人ひとりの特性に合わせた手立てを考えています。あの子はこんなところでつまずくだろうな。あの子はこんな手立てがあると進めるだろうな。あの子はこの手立ての方が得意だろうな」、そんなことを考えながら教材研究していると、ある中学校の先生は言っていました。

先生たちの思考として、学級という「集団」で見るのではなく、子どもに委ねたときに、苦しいあの子はこういうことで詰まってしまうだろうから、そのときはこういう声かけをする、こういう手立てを用意しておく、みたいな感じで集団を「細分化」して考えていくように変わっていました。

ユニバーサルデザインの考え方としても、「苦しい子にとって学びやすい環境は、みんなにとっても学びやすい環境」になります。単元マップとは別に、その時間の流れをわかりやすく明示しておくこと、掲示物は大きめにして子どもたちの注意を引けるようにしておくこと、問いをシンプルに示していくこと、こういった普段からの授業でも大切なことは、委ねる授業の場面ではよけいに意識して環境設計していくことが大事になります。

子どもに委ねるときの先生の心理的ハードルの大きな要因の一つに、この層の子たちが本当に自分の力でやれるのかどうかというところがあります。なので、この層の手立てや環境設計がうまくいくと、先生たちも手応えをつかんで、実践もうまく軌道に乗っていきます。

いつの日かの「島谷のつぶやき」では、こんなことをつぶやいていました。

一部の子どもが活躍する一斉型授業で学びが得られない子どもたちは、そんな時間を過ごし積み重ねることで「自分はできない。わからない」という認識を募らせ、「私、がんばった！」って自己承認できる瞬間がなかなか訪れない。でも子どもに委ねる授業では、「大丈夫かー？　困っていることないかー？」「できたね！　すごい！」って先生に気にかけてもらって褒められ認められる場面が必ずできたり、わからないことをわからないと人に助けを求めることができたり、それだけでも大きな大きな変化です。確実に「プラス」になるし、学級づくりや先生や仲間との信頼関係、自己肯定感、そういうことにも着実につながっていくものだと、先導する先生や子どもの様子を見ながら強く感じます。

ドン詰まっても、今は前に前に進んでほしいと思っています。

こうやって、一番苦しい子を想像して環境設計をしていくことを意識しながら、学びの環境を変えていくと、一斉授業のときはまったく参加できなかった子が自分の意志で学びに向かうという光景は比較的早めに見られるようになります。さらに、普段の教室に入ることができなかった子が、自分のペースで進められるような自己調整型の学習のときだけは授業に入ってくることができるケースもたくさん目にしました。

たとえば、不登校ぎみで教室に入れない子の居場所になっている校内のSSR（スクール・サポート・ルーム）に通う小学生のなかに、その時間だけは教室に入って一緒に参加することができる子も多々出てきました。言語発達の関係で通級指導教室に通う中学生が、それまで国語は別々に受けていましたが、この形態であれば自分もできるし、みんなとやりたい！と言って、入っていったりしています。通級指導教室でマンツーマン指導しているより、みんなと一緒の空間で、ペースを委ねられて人と相談しながらリラックスしてやる方が、よっぽど言語が自然に出てきて書いて表現することができるようで、通級指導の担当の先生も「環境って本当に大事やね」ってびっくりしていました。

このように、これまでの学びの環境に何らかの困難さがある子どもたちを救える人数は、間違いなく増えています。

大人が決めた一定の環境において、「適応できる・できない」で線引きをして何かを判断している場面は多々ありますが、環境次第で子どもの可能性はいくらでも広げることもつぶすこともできると思うと、学びの場の「環境」が持つ可能性は、もっともっと探究していくべきものだと思っています。

いつの日か、「誰ひとり取り残さない」ということが本当にどういうことなのか、よく考えてほしいと、先生たちに問いを投げたことがありました。全員が教科のねらいを達成することなのか。CからB規準に上げていくことなのか。本当にそういうことなのか。加賀の先生たちが次のステージに行くために乗り越えるべきところだと思っています。

自己選択・自己決定のデザイン

子どもが自律して進んでいくために必要なのは、「自分がやると決める」環境です。対極にあるのは「やらされること」。そうならないように先生たちは自己選択・自己決定をいかに組み込むかの授業デザインをしていきました。

子どもに限った話ではありませんが、人に決められたことをやるという外発的動機づけはどうしてもエネルギー量が小さく、実際にうまくいかなかったときは人のせいにしたくなります。「オカンがやれって言うからやったのに!」的な話ってあるあるですよね。でも自分で決めてやったことであれば、内発的動機づけでスタートできるため、エネルギー量が高い状態で始めることができます。

選択肢が用意され、明らかにワクワクしてうれしそうに自分と対話しながら選択を繰り広げていく子どもたちの姿は、一斉授業のときと比べて、学びに向かうエネルギー量が全然違います。小学校低学年なんかは、自分の選びたいものが早く欲しくてやりたくて、ギャーギャー言いながら走って教材をとりにいったりします。

ただ、気をつけたいのは、やみくもに選択場面を増やせばいいという問題ではなく、つけたい力にたどりつくための選択肢、試行錯誤を生むものにならないと意味がありません。何事も「つけたい力・目指す子どもの姿」を軸にして授業デザインしていくことがきわめて重要になります。準備すればするほど子どもの選択肢は広がりますが、負担との兼ね合いもあるので、目の前の子どもに適したものを厳選する力も持続可能性を求めていくうえで大事な力になっていきます。

加賀でも、「準備すればするほど、子どもが動くけど、準備との負担が悩ましい」という声は序盤でよく出ました。子どもが慣れていくと、省けるものも出てきたり、先生の子ども理解が進んだり、評価するものがクリアに見えたりするとまた取捨選択も判断しやすくなったりする様子が出てきます。

自己決定・自己選択の環境設計のあり方も試行錯誤の嵐ですが、以下のようなものはよく見られる光景です。

◆テーマ選択：難易度ではなく、個々の興味・関心に応じて取り組むテーマを選択。国語や社会、英語、技術・家庭、体育など、答えが収束していかないようなパターンが比較的多い教科で見られる。

◆学ぶ順番選択：系統性をあまり気にしなくてもいい学びの場面で取り入れることが多い。

◆学ぶ進度選択：進む順番はあらかじめ決められていて、進むペースを自分で選択。

◆難易度選択：ヒントの難易度が調整されたワークシートやヒントカードを選択、単純に難易度別問題を選択。

◆ツール選択：ICTか、紙か、ホワイトボードか、具体物かなど。

◆タイミング選択：ヒントや参考資料に触れるタイミングを自分で選択。

◆協働相手の選択：一人でやるのか、人とやるのか、自然の流れで協働してやるのか。

◆空間の選択：教室のほか、空き教室や図書館、学習スペースまで広げて学ぶ空間を選択。

「一人ぼっち」と「固定化」する不安

多くの先生は、子どもに学びを委ねたときに、「誰と」学ぶのかも含めて子どもが自己選択・自己決定するシーンを圧倒的に増やしていきました。

そのとき、とくに小学校高学年から中学生によく出てきそうな不安として、「自分からうまく友だちとかかわっていけなくて、一人ぼっちで孤立する子が出てくること」と「仲よしの子としか一緒にやろうとしない人間関係の固定化」ということがあります。これは先生側も気にしますし、保護者の皆さんもけっこう気にされます。こういうことに対しても、それぞれの課題を解消するために、先生たちは手立てを打ち、授業全体をデザインしていきます。

ただその前に、同じ「一人でいる」ということであっても、本当にすべてが悪いことなのかというと、全然そういうわけではないということも考えたいです。ある小学校では『自分で』と『一人で』って何が違うんだろうね」って子どもに全校集会で問いかけていました。馴れ合いで友だちとズルズルやって、集中できなくて全然進まない経験をして、次回はしっかり自分で一度考えよう、分からなかったら友だちに頼ろう！と思い直して、一人で進めることを選ぶ子もいます。特性上、一人で静かな雰囲気で、せっかく与えられた「自分のペースで進む自由」を堪能して黙々と自分の学びを進めたい子もいます。白黒はっきりさせずに、子どもに応じて、よりよい環境がどうあるべきかを考えることが大事になってくるのかなと思います。

一人で黙々やっている子を見ると、「もっと協働の場をつくったほうがいいじゃないか」「これでは自習ではないのか」と不安になる人もいますが、45分、50分という短い時間で、「個別も協働も、主体的にも対話的にも」のすべての要素を意図して詰め込むのは不可能だと思っています。単元という大きな塊のなかで、ねらい達成に向けて、バランスよく組み合わせていくという単元デザインを先生たちは模索していました。雑駁な言い方にはなりますが、「大きく」俯瞰してデザインしていく力もこの学びには欠かせないなとよく感じていました。

また、ずっと一人で自分の思考に閉じてしまって、友だちや先生に協力を得ることもなく、思考も広がらずに間違ったままその時間が過ぎてしまう場合や、仲よしグループでしか活動をしないという現象に対して、積極的に先生が介入していき、子ども同士をつなげたり、問いかけたりして、子どもの変容を促していく姿も多く見てきました。

そもそも、「一緒に学ぶ人を選ぶ意義」をしっかり子どもたちに理解をしてもらうことが必須になります。困ったときに人に頼る力をつけるため、自分が苦手な部分を補ってくれる相手と協力することで、できないことができるようになるため、自分とは違う考えに触れて自分の考えを広げたり練り直すきっかけにするため、などなど先生の思いによって、説明はいろいろなパターンを見ました。

ここは、他者と交わる意味、学校という場で集団で学ぶ意味合いという「公教育の根幹」にもつながっていくところなので、興味深くいつも見ていました。

また、交流を促す仕掛けとして、授業冒頭で自分の今日の授業の進め方をいくつかのパターン（いろいろな人と交流しながら進める、時間配分を意識しながら進める、納得するまで自分で進める、一つひとつ丁寧に進める等）から子どもがアンケートフォームで選択して、同じ目標を持つ子がどの子なのかを可視化することで個々に認識させてからスタートしている授業もありました。同じ意識で学ぶ子と自然と協働できるように仕向けているわけです。

また、もっとシンプルに、縦軸と横軸それぞれにクラス全員の名前を一覧にして、その日誰と学んだのかを星取表にしてチェックし、自分はあの子とばっかりやってるな、まだあの子とはやれてないなと、促せるようにしている先生もいました。

また、途中ミッションを入れていき、「同じ委員会の人に説明せよ」とか「出席番号前後の人に説明せよ」など、ランダムな交流を生むような工夫をしている先生もいます。「自分の意見と同じ人と交流して深めたい人」「違う意見の人と交流して考えを広げたい人」とあらかじめ自分の意思表示をしてもらい、一覧表示させて、自分が交流すべき相手をわかりやすく示し、交流の視点を明確にすることで、交流の幅を広げる工夫をしている先生もいます。

大事なのは、こうやって次々と出てくる課題をどうしたら解消できるのかと試行錯誤することだと思っています。これがまた先生にとって引き出しが増えていく大事な時間となり、授業がよりよくなるための大事な積み重ねになるんだなーといつも見ていました。

「戻る」ことの価値

学びって、前に進む方に矢印が大きく向いているような印象がありますが、子どもを見ていて「戻る」価値の大きさをよく感じます。一斉授業は「わかった気にさせる」ことが得意です。でも先生が言っていることを理解することと、自分で再現できるような知識として定着させることはまったく別物です。子どもたちの授業のふりかえりを見ていても、「一斉でみんなでやったときは分かったつもりだったけど、自分で進めるときになったらわからなくなってしまって……」みたいなくだりにはよく出会います。

あれ、やっぱりわかっていなかったな、「戻ろう」、ということができるのが、「時間」を子どもに委ねたときに実現できる貴重な世界です。何度も何度も同じ動画を見たり、教科書を読み直したり、進む時間を止めてあげることができます。

疑問が浮かんだときには、もう一度実験に立ち返って、考えることができるように、実験器具を常に設置しておくコーナーを用意している授業も理科でよく見ました。

デジタルドリルも「戻る」ことの価値を重視して入れ替えました。子どもによっては、単元内で戻ることでは理解ができず、学年をまたいで戻りたいケースもあります。かけ算が分からない子が、どんなに割り算の筆算をやってもなかなかむずかしいわけで、かけ算、単純な割り算、とステップを踏める環境がほしいところを、先生独自に教材をつくるとキリがないので、そういうところはＡＩドリルなどの力を借りています。

また、単元全体をあらかじめデザインして、子ども自身がどの時間に何を進めていくのかを自覚できると、不登校ぎみの子だったり、病気などで休んでしまったりしたときに、遅れた分を個別に進めることが可能になります。もともと自己調整して進められるように環境設計されているので、使う教材やヒントなどがタブレットに集約されているケースだと、それがよりいっそう可能となります。実際に、不登校の子どもが多い学校の先生は、意識的にタブレットに集約するようにしていると言っていました。

もうついていけないから、もう自分は遅れてしまっているから、何をやっているのかわからないから、そういう理由で学校から遠のくケースってけっこうあると思っています。もちろん、この方法でみんな救えるわけではないですが、幅をもたせることで、子どもが感じるその日その日の「枠」みたいなものが、もう少し広がっていって泳ぐ余地があると、苦しいな、生きづらいなって思っている子の気持ちを少し楽にしてあげることができるのかなって、この先生の話を聞いて思いました。

学びが変わるから生かされる空間

加賀市では、「空間デザインプロジェクト」というものを進めており、個人的にも遊び心がある大好きな事業です。空き教室を改修して、空間デザインの力でさらに「学びは楽しい」をとことん追求しようというコンセプトになっています。学校の建替えができればそりゃいい空間はつくれますが、そんなこと一気にできるわけがありません。ただ、子ども の数は減っているので空き教室はある、ということで、ここを利用することにしました。また、広報の観点からも「見た目のわかりやすさ」は最強なので、ぜひ手をつけたいところでした。

当初、学びが変わるというのは、空間も同時にリデザインしていくことになるだろうというイメージは最初から持っていたものの、具体的にどういう空間をデザインしていくべきかについては、ピンと来なかったのでしばらく事業執行は様子を見ていました。

やがて学びが変わってくると、子どもが自由に教室内を動くようになります。自分でペースを選ぶことが多くなるので、同時にみんなが同じことをやっている時間帯がなくなります。そうすると、人数が多い学級では、教室はとにかくせまく窮屈な空間になりました。子どもが、「教室がせまいから廊下に机を出してやりたい」「図書館で本を見ながらやりたい」「友だちと相談しながらやりたいから、しゃべっても迷惑にならないところでやりたい」「一人で静かに進めたい」などいろいろな気持ちが出てきて、先生の授業デザインのなかに「空間」の要素が入りこんできました。

空き教室にホワイトボードを設置したり、学習スペースに長机やモニターを設置したり、廊下に机を出して学習スペースをつくったりと、子どもと話をしながら小さな空間デザインが多くの学校で繰り広げられました。

こうして、子どもが欲する環境が見えてきた頃、市の事業として改修費や備品購入費を学校に補助しながら、本格的な空間デザイン事業をスタートさせました。学校の完全手上げ制です。こういうことはやりたい人がとことん自由にやったらいい部屋ができるものです。関西の床材のメーカーにもご協力いただきながら、商品の耐久テストも兼ねて床材を無償提供いただいたり、デザイン協力いただいたりして改修した学校もあります。

物置だった部屋にあったものを全部捨てて学習ルームに変更したり、使っていないPCルームを整理して部屋を空けたりして、先生たちは自由に思い思いにデザインをしていました。

こういう部屋を学校につくると、基本的に先生のあいだでとり合いになる状況が生まれますが、おそらく学びが変わらずにこういう部屋をつくったところで、特段必要性は生まれなかったんだろうと思っています。施設整備の参考のために素敵な校舎を何度か県外に視察に行ったことがありますが、空間が変われば学びが変わるかといえば、そういうことはなく、空間が生かされない姿はよく見てきました。オープンスペースは山ほどあるのに、どのクラスも授業はホワイトボードの方を向いてチンと座って教室内で完結している一斉授業。実現したい学びの姿がしっかりあったうえで空間デザインしていかないと、やはり空間は生かされないし、うまく噛み合っていかないと感じています。

写真6は中学校です。日差したっぷり降り注ぐ廊下のような広めのスペースの一角をリビングのようなリラックス空間をイメージした学習スペースに空間デザインしました。各クラスで学びを委ねられた生徒たちが、

写真3　分校小学校
BGルーム

写真4　作見小学校
フレンドリールーム

写真5　河南小学校
HAPPYルーム

写真6　錦城中学校

この空間に集まってきて、異学年で異教科をそれぞれが学んでいる不思議な光景にも出逢います。**写真3、4、5**の部屋は小学校で改修したものですが、この部屋をよく使っていた小学生が中学校に上がったときにたまたま話をしていたら、「中学校には○○ルームがない。あそこならがんばれるんだけどな。机って狭いし椅子に縛られているのがつらいし嫌。地べたに座ってやれると安心する」って言っていました。

きっとこの言葉の裏には、空間だけの問題ではなく、学びに対するポジティブな印象がここで過ごした学びの時間にはあったんだと思います。空間という目に見えるインパクトというのは、学ぶ意欲や学びに対するポジティブさに大いに関係してくるものなんだなと子どもたちを見ていてよく感じます。

環境設計と導入が9割

この学びは、コントローラーを先生側が握れないので、途中で大きく軌道修正することはむずかしくなります。子どもの力でねらいを達成していけるよう促していくためには、環境設計は、学びの地図の開示・共有から、自己選択・自己決定の環境設計、一番苦しい子が進めるような手立ての工夫、空間の多様化とさまざまな打ち手があります。これらすべての要素が毎回必要なわけではありませんが、うまくいった授業は、単元や本時のねらいや子どもたちの予想される反応をよく考慮しながら、環境がデザインされていました。半分ぐらいの子どもしかねらいに迫れなかった授業、子どもがイマイチ学びに乗り切れなかった授業、委ねたけどやらされ感であふれてしまった授業など、さまざまな授業に出会うなか、そのつど、何が足りなかったのか、何が逆に多すぎたのかなど授業した先生やチームで考えてきましたが、事前の「環境設計」と「導入」をどうデザインするかで成否の9割方は決まる感覚を持ちました。

加賀市で実施されている子どもに委ねる授業は、型がないので、学校や先生によってさまざまな形で展開されています。2週間ぐらい使って複数教科を組み合わせて大きく単元内自由進度学習を実施する学校もいくつかありますが、そういう方法は稀で、むしろ普段の授業のなかで、いかに子どもが主となる時間を増やしていくかという普段使いにフォーカスしている学校が多いです。これは持続可能な方法を探るという意味も込めてです。

普段の授業で委ねるときによく見られるパターンとしては、冒頭5〜8分の教師による導入、最後5分程度のまとめ・ふりかえりを確保する以外の間の30〜40分が子どもに委ねられる時間となります。

その冒頭の教師による「導入」が見どころなんです。私もすっかり導入フェチになりましたが、正味5〜8分ぐらいの導入で、単元のタイミングによっては既習の確認、問いの練り上げ、課題設定、環境説明、本時の流れを「過不足なく」伝えて、子どもたちの「やりたい」気持ちのボルテージをどこまで上げていけるか、が勝負どころです。「過不足なく」というところがポイントで、ここが先生の手腕が問われるなといつもニヤニヤ見ていました。

ねらいになんとか迫ろうとなんでもかんでも言い過ぎると、子どもの学びにレールを敷きすぎてしまい、淡々とその上を歩いていくだけの世界になり、子どもの試行錯誤の余地がなくなります。単なるつまらない「作業」になります。また、先生から伝えたこと＝教えたことにはならないなか、導入部分でたくさんの情報を渡したところで、子どもの受け取る情報の許容量をすぐに超え、結局子どもが受け取り切れずにねらいがぼやけてしまって、子どもたち自身が何がゴールなのか自覚しづらくなっていきます。逆に足りなさすぎると、何をしていいのかわからないし、動きづらくなります。

あぁなんてむずかしい世界！　いい導入を見たときに何を気にして導入を考えたのか先生に話を聞いていましたが、一言で言えば「磨き削ぎ落とす努力」をしている、という感じでした。一番大事なその単元の教科のねらいに迫れるように、よけいな部分を削ぎ落として、絞り込んでいき、最後に残って磨いたものを導入として渡す、みたいなイメージです。ビジョン作成過程でも意識していた「全部を強めると、全部が弱くなる」という感覚と同じですね。

先生たちの会話で「導入でひっぱりすぎた！」「もっと短く絞るべきだった」というのはあるあるなのですが、この場面をつくりあげる先生の力というのは、実際にはこれまで一斉授業のなかで大事に積み上げてきた力がフルに生かされる場だなと思います。

こうした冒頭の先生の導入デザインとそれに対する子どもたちの反応を見ていると、だいたいこの時間はうまくいきそうだなとか、ちょっとこれは厳しいんじゃないか、とかそのあたりもある程度予測できるようになりました。それぐらい、冒頭シーンは成否を分ける大事な時間です。

学びのエンタメ性

加賀市でも、大量退職・大量採用の波で20代の若い先生が多く、学級担任の6～7割が20代という小学校もザラです。若い教育長と言われ、さぞ自分より年上の人たちに気を遣いながらやっているんだろうと思われがちですが、実は私より年下の先生の割合の方が圧倒的に多いんです。

若い彼らは教師としての経験は浅いですが、学びの転換に対するフットワークの軽さや柔軟さ、ＩＣＴを使いこなすことに対するハードルの低さもあるので、とてもおもしろい実践が出ます。そんな若さも相俟って、とくに小学校の先生は、子どもの学びたい気持ちを喚起するために、エンタメ性をうまく取り入れることも上手です。ゲーミフィケーションとも言われていますが、ゲームデザイン要素やゲームの原則を学びに取り入れている様子も見ます。

たとえば、子どもが大好きなゲームの世界の要素をうまく使って、「ミッション」「クエスト」「〇〇の島」「冒険の旅」「〇〇ランド」「〇〇タウン」「〇〇ツアー」などなど、子どもの学年やキャラクターもよく見ながら、子どもが没頭する世界をつくるために、遊び心ある小さな工夫もたくさん取り入れています。

５年生算数の授業で、先生は子どもの進度を見取りながら活性化したいタイミングで、サイレン音が流れて「緊急ミッション発動！」とモニターに映し出し、「この問題の解決の仕方は全部で4通り！　できるだけ多くの解決の仕方を自分で考えたり、友だちとディスカッションして導き出せ」と学びをブーストしているような授業も見ました。子どもたちは、「えー！　4通りもあるの!?　えー！　私、二つしか見つけられないー！」などなどギャーギャー言いながら、緊急ミッションに取り組んでいました。学習計画表や教材をCanvaでデザイン性豊かにつくって、少しでもワクワク感を醸成しようと進化させている先生もたくさんいます。

勉強って、「強いて勉める」って漢字で書きますよね。確かに私たち保護者世代は、まさにこういう世界観でした。私も一夜漬け、詰め込み、ドラえもんの暗記パンが欲しいと神頼みしていた一人です。「学びは修行」という構図がインプットされすぎていて、わが子が楽しく学んでいると不安になる保護者が実はけっこういます。「楽しそうにやっているのはいいんですが、あれで本当に学びになっているのでしょうか？」「あんなんで学力はちゃんと身についているんでしょうか？」みたいな感じです。

「学びは本来楽しいもの」であり「学びは子どものもの」であることが、今回のビジョンのベースの考え方としてあります。やっぱり子どもたちには「学びは楽しい」って思ってもらって、学ぶことの楽しさとともに、ずっと学び続ける人になってほしいなって思います。それはこれからの予測不可能な時代を生きていくために、そして幸せな人生を送るために、その力が絶対的に必要だからです。

なので、小学校のうちから学びを嫌いにさせたくないですし、学びから一人も脱落させたくないと思っています。学んでいる時間が圧倒的に学校では長いので、授業の時間を嫌いにさせないことは、学校を嫌いにさせないことにもつながっていきます。

小学校1年生なんかを見ていると、就学前からの「遊び」を通じた学びの世界からの段差をなるべくなめらかにするために、こういう乗せ方はとっても有効に機能していました。「低学年はまだ育っていないから委ねられない」という話も初期にはよく出ましたが、小学校に入ってから、ある意味規律で抑えて矯正をかけてしまうと、自分の力で動いていくことがむずかしくなる部分があることは否めないと思っています。のびのびとしたまま保育園や幼稚園から子どもたちを受け取り、彼らの培ってきた本能的な自主性を殺さないように生かしていける先生たちの1年生の授業は、どの学年よりも活気に満ちあふれています。

最高の導入と練られた環境に囲まれて、「早くやりたいぃぃぃー！」「ぼくやる気あります！」「楽しみぃぃぃぃぃーーー！」って言わせて、子どもたちをウズウズさせちゃう算数や国語の授業にもたくさん出会えました。本当にお見事でした。本来、子どもはそういう力を持っていて、生かすも殺すも環境次第なんだなとつくづく思います。

言わずもがなですが、本質的な教科の学びのおもしろさがないと、どんなにエンタメ性を持たせたとしても子どもは乗ってきません。なので、あくまでもこういう環境は「補完的」なものにしかなりませんが、どうしたら子どもにとって学びが自分事になるのか、あの子はどうしたら学びに向かえるのか、そういうことを考え続けて生み出していく先生たちの努力はとても尊くて素敵だなと思いながらいつも見ていました。

人の授業の見方の変化

学校には、地域によって多少文化の違いはあるものの、一人の先生が授業を行い、それを見ていた同僚の教員同士で授業の内容がどうであったのかについて協議をする研究授業というものがあります。

加賀市に限らず、今まで見てきた一斉授業の研究授業って、板書がどうとか、先生から子どもに対する発問がどうとか、先生のかかわりがどうとか、先生が常に主語になり、まな板の鯉状態になるように見えていて、こんなの誰もやりたがらないんだろうなーって思いながら見ていました。あらかじめ準備している指導案との整合性を一生懸命に議論する空中戦を繰り広げている場面もよく見ますが、大事なのはシナリオどおりに進むことではなく、挙手していない子も含めて目の前の子どもたちの学びの状態や変容がどうであったかということなんだけどなーと思っていました。

そんなモヤっといつも感じていた研究授業も、学びが変わっていくに連れ、進め方も、先生の視点も、大きくリデザインされていきました。

一言で言えば、先生のことではなく、子どものことをずっと話す時間に変わっていきました。

たとえば、授業を見る先生間で、どの子どもを見るのか担当を決めて、それぞれの子どもが1時間でどんな学習方略をたどったのかを細かく観察していました。普段は学びを委ねて個々の学びを見取りにいこうとしても、さすがに一人ひとりの学習方略をすべて見取り切れない先生にとっては、子どもの思考のいくつものパターンを共有してもらえる貴重な機会になります。一斉指導をするときであっても、手立てや環境設計を準備するうえでも、こうした子どもの思考のバリエーションを知っておくことは、とっても有効に働きます。これは連携している福井大学の先生たちから学びました。

子どもたちのノートも、学びが変わると大きく変わります。それぞれ全然違うアプローチで思い思いに書いているので、ついついこちらも見入ってしまいます。板書を写して、一マス空けるだの、赤鉛筆で書くだの、線を定規で引くだの、よくわからないところに子どもたちも気を遣って、何を書いているかというより、みんなと同じように書けているかどうかを気にするノート、という世界とは真逆になります。あるクラスで、「ノートはあなただけのもの。だから自由に書けばいいんだよ」って声をかけている先生の言葉はとても印象的でした。

また、授業を見る視点として、「ねらいに対する環境設計や手立ては適切だったのか」「自律した学び手になるための環境設計はどうだったか」というように、環境設計に対する視点は、どの学校も大きなテーマになっていました。もっとこれがあったらよかった、これは効果的ですごくよかった、これはなくてもよかった、置き場所がここでは不都合があった、掲示が小さすぎて子どもの注意を引けていなかった、そもそも出すタイミングとして適切だったのかなどなど。

導入時間はもっと短くしてもっと子どもに時間を渡したかった、だったらどこが削れたのか、などなど、参加している先生が実践を積み重ねてそれぞれが実践者になったからこそ、見る視点、気になるところ、議論する場面がこの間ずいぶん変わったなと感じました。

こういう話は学年や教科を超えるので、中学校なんかでは、教科ごちゃまぜでグループ制を日頃から組んで授業研究をしている学校もあります。小中一貫校では、小・中の先生が入り混じって同じ土俵で議論をしています。

「学びを委ねることへの挑戦」が共通体験となり、共通言語が増え、「失敗したー!」「成功したー!」と職員室でたくさんの会話が飛び交うような空気感が、本当にいいなーって見ていました。研修より何より、この空間がいちばんの学びの空間なんだと思います。

一つの山を越えたと気づくとき

一つ大きな山だったところを、超えられたかなと思えた感覚を少しお話しします。ほぼ市内全校の研究授業のあとの整理会(石川県では「協議会」を「整理会」と言っています)に参加してみたあとの感想を、「島谷のつぶやき」でつぶやきました。

ちなみに、文中に出てくる「計画訪問」というのは、各学校年1回実施している、県教育委員会の教育事務所と加賀市教育委員会の合同学校訪問を指します。計画訪問では、一日かけてすべての先生の授業を15~20人ぐらい(!)の指導主事などで見ることになりますが、加賀市はこの場で「子どもに委ねる授業を全員実施する」ということを求めています（ここだけはトップダウンです）。これを改革の大きなフックとしており、この訪問を起点に各学校の伴走やバックアップ方法の軌道修正をかけていきました。

計画訪問も全校終了しました。今年度は奇跡的に全校行くことができて超ラッキー。どうしても外せない公務がない限りは、できるだけ整理会まで残って、先生たちがどういうことを考えたり、感じたりしているのか、たくさん聞かせてもらいました。最後のコメントは毎回すごく悩むんですよね。伝えたいことはたくさんあるし、授業一つずつコメントしたくなっちゃいますが、そのあたりはぐっとこらえて、できる限りその学校全体の温度感を感じながら、先生たちが少しでも前に進めそうな言葉を選んで渡してきたつもりです。

昨年度の授業整理会（ビジョン初年度）での話題や委ねる授業を見た後の先生の感想は「見取り」オンパレードでした。

「見取りがむずかしい！」「見取りが課題」「見取りの力をつける！」などなど。2023年の島谷流行語大賞です。しかし今年度（ビジョン2年目）はほぼ出なかったですね。これは見取りの力が上がったということもあるとは思いますけど、それよりは、先生たちが見取ろうとするものがはっきり認識できてきたことが大きいんだろうなと。

もうちょっと具体に話してみると、一歩目のときって、なかなか一斉授業の感覚から抜け出せていないので、一生懸命〝網羅的〟にしかもこれまでやっていなかった「一人ひとり」を見ようとした。それはもともと無理なことをやろうとして、自分一人だけで全部見取り切れない、追い切れないという感覚が強かったんだろうなーと。でも今年度に入って、先生たちも実践を積み上げてきて、二軸（教科のねらいと自律した学び手）をねらうことも相当意識されました。ねらいをどう定めていくのか、そこに到達できるようにどう委ねていくのか、どこでそれを見取っていこうか、とか散々やってましたよね。要は大事なところにフォーカスする力が高まって、見取ろうとするものに潔く割り切りができるようになったんだろうなと。

そして何より、先生の子どもたちの理解が進んだことが大きいと思います。あの子たちの思考はこのあたりまで来るだろうなとか、こういう問いを渡したらこういう反応になるはず、苦しいあの子はここでつまずくから手立てを打っておこうとか。事前に子どもの姿を想像する努力をして、環境設計を仕込み、子どもに自由を渡したときに起こるであろうことがある程度は想定内になったことは、見取りを助ける大きな要素になったのだと思います。

「子どもを知る」このシンプルさが、あらゆる道への近道だなって思わされました。毎回、帰り道は先生たちの伸びっぷりにジーンとしながら、ヒゲダンのB－Side Blues聴いていました。

こういう学びを進めたときに、一番最初に直面する壁が、「この大人数を一人で見取ることなんてできっこない」という見取りの問題でした。じゃー今まで何を見ていたの？って言いたい気持ちはグッと飲み込み、この見取り問題は改革初年度、あちらこちらで先生たちが頭を抱える課題でした。もともと授業力がある先生はこの壁もわりと早めに越えられていたのですが、けっこうドン詰まっている先生は多かったです。

ただ、2年目に入り、そういえば気づいたら聞かなくなったなーという感じでした。それは、「つぶやき」で書いたとおりですが、単元の流れをつくる、ねらいをしっかりフォーカスする、という一斉時代にはふわっとやっても先生のコントロールでごまかせた部分がそうできなくなったことで、このあたりちゃんと取り組むようになったことは大きな助けになったのだろうと思います。

そして、この時間が終わる頃の子どもたちの姿を明確に描いて授業に入るようになったことで、見取るものも、見取ろうとする姿もはっきりしたことが大きかったなと思いました。そして何より、子ども理解に尽きる、ということですね。よくぞ乗り越えた！と先生たちに拍手を送っちゃいました。

自分の学びを自分で言語化する

学びを変えていく過程で、子どもたちの様子に大きく変化があったのはラスト5分の「ふりかえり」のシーンです。学びの改革が始まる前の着任時に授業を見たときも、授業のふりかえりの時間は毎時間ちゃんと確保していました。「〇〇が知ることができてよかったです」「〇〇が分かってよかったです」2行ぐらい、以上。本当の意味でのリフレクションは皆無で、子どもは何を書こうか毎度悩み、黒板とかノートを見て使えそうな言葉を探して、「あ、これ習ったな」って思い出して書いている感じでした。内容も薄いし量も少ないので、一瞬で机間ぐるっと回れてしまったし、実におもしろみがありませんでした（笑）。

しかしその後、このふりかえりは劇的な変化を遂げることになります。この新たな学びは自己調整力を高めていくことも大きなねらいの一つになるので、自分の学びがどうだったかを自分で理解できないと、学びが次につながっていきません。なので、先生たちはこの「ふりかえり」に相当力を入れていくような流れになっていきました。もはや、ふりかえりがないと、この学びが成立していかないという感覚に近いと思います。それぐらい必須な時間になっています。

なんために「ふりかえる」という行為をするのか、自分の学びをどう自覚していくのか、次の時間にどうつなげていくのか、ということを真剣に子どもたちに語り、どういう視点でふりかえるのか、徹底的に子どもたちに意識づけをしていました。

よいふりかえりを紹介して、どういうところがいいのか細かく説明していったり、ふりかえりの視点を掲示したり、ラミネートの下敷きにして常に見られるようにしたりする先生も見かけました。

一連の過程を見ていたなかで、学びの改革の進み具合と、子どもたちのふりかえり力は完全比例していきました。学びが自分のものになればなるほど、ふりかえりで書くことができる内容や量が、どんどん深く・増えていくというのは、おもしろいぐらい鮮明に見えました。

発達段階に応じて、ふりかえりの視点として明示する項目数や言葉は変えていましたが、子どもたちに示していたのは、このあたりが多かったかなと思います。

◆今日の課題や自分のめあてが達成できたか
◆今までとの変化
◆何がわかったのか、何を考えたのか
◆自分の学びをコントロールできたか
◆これから、次に向けて

これに加えて、その日のねらいに対する視点を入れる工夫もしていました。あえて細かい視点は出さずに45分・50分の学びのストーリーを言葉で紡ぐようにふりかえっているクラスもありました。手書きで書かせるか、PCで書かせるか、それぞれこだわりはあると思いますが、小学校3年生以上はPC入力でふりかえっている学校がはるかに多かったです。手書きよりもPCの方が圧倒的な量のアウトプットができますし、この場面は、文章を正しく書くことが目的ではなく、自分と向き合う時間、自分の学びをふりかえり吐き出す時間です。文字カウンターをつけてとにかく頭の中にある自分の学びを言語化させるための工夫をしている先生もいました。先生からのフィードバックもPCの方が圧倒的に早くて楽という利点もあると先生たちは言っていました。

このふりかえりの時間は、自分自身の45分間、50分間たどってきた思考と真剣に向き合う時間となり、教室にはタイプ音だけが静かに鳴り響く静寂に包まれる空間になることが多いです。私もこのふりかえりを見て回るのが楽しみで仕方なかったです。内容も量もとてもよくなったので、授業時間中に全員分を見終わることができなくなり、休憩時間に「ねーねーちょっとふりかえり見せて～」って子どもたちにお願いしていました。

単元内自由進度学習をしている最中の６年生２人のふりかえりをご紹介します。

今日は比を簡単にする計算を考えました。比を簡単にするには、四つの方法があって、自分にあった方法は、小数：小数のときは０．１をもとにして、分数：分数のときは、通分して考えるやり方が分かりやすかったです。はじめはゆっくりやっていたけど、時間に間に合いそうになかったので、途中からスピードを早くして進めました。去年のマイプラン学習では時間に間に合わなかったので、今年は間に合えるようにがんばりたいです。今日はいろいろな方法でチャレンジしました。ノートの写真を撮ったり、説明文を書いたりしたので、自分にあった方法が見つけられるようにしたいです。

今日はどうすれば円の面積が求められるのか考えました。（中略）最初は、教室で集中してやろうかなと思ったけれど、具体物を見てみないと分からない問題だったので、音楽室に行きました。具体物を使って学習すると、デジタルでは分からないことが分かりました。（中略）具体物を動かしても分からないことがあったので、友だちに納得できるまで教えてもらいました。納得できるまで教えてもらったので、他の友だちが分からなくて聞いてきたときにしっかりとアウトプットができました。（中略）今日は、前の時間の反省を生かして、友だちにすぐ聞いたりせず、まず自分で考えて、デジタルも具体物も使って考えてみて、どうしても分からなかったら友だちに聞いたことがよかったです。

先生からいつも意識するようにと言われているふりかえりの視点がすっかり定着しており、黙々とものの2、3分で打ち込んでいました。そしてそこには、その時間の学びにまだ未練があるようで、ふりかえったあとに、自分が最後ギリギリ解ききれなかった問題を別の子がどう解いていたのかをクラウド上でずっと見比べている姿がありました。

「メタ認知力」――自分が物事を認知している状態を、客観的に認知している状態のことを言います。要は、自分の考えや判断などを、少し高い視点から見てみて、自分のことをどれだけ自分が知っているかということです。ちょっとファンタジー感ありますよね。

大人であっても、子どもであっても、自分の力で伸びていける人は、この力がつくづく強いなと思うことが多いです。子どもに学びを委ね、自律した学習者を育てていくうえでは、このメタ認知が必要不可欠になります。

市内のある中学校では、メタ認知を学校研究にしています。子どもたちのメタ認知を上げていくための生徒への効果的なフィードバックの方法やふりかえりと学びの構造などについて研究することで、生徒の自己調整力をさらに上げていきたいというところでした。加賀市が次のステージにいくために、このメタ認知はより深めていきたい大事なポイントになります。

小学校から中学校へつなぐ

「小学校は積極的に進んでいくのだけど、中学校は高校受験を言い訳にまったく進む気配がない」という教育関係者の嘆きを聞くことは多いです。

これもあるあるですね。加賀の場合も、最初に走ったのは小学校でした。とくに、小学校高学年の実践が一番量としても多かった印象です。子どももある程度育っているので、他の学年に比べて委ねることへの心理的ハードルが低めであったということも一つの理由だと思っています。

中学校へのカンフル剤になったのは、まさに6年生の姿でした。中学校には、とにかく小学校を見に行くようにお願いし、6年生の姿を見て、「このままあの子たちを今の自分たちの授業で本当に受け取れるのか」と中学校の先生たちが思い始めたところがスタートだったと思います。

「まず6年いこう!」って小学校の玄関に入って階段を駆け上がり、6年生の教室に向かう中学校の先生たちの後ろ姿を見ては、しっかりあの子たちを受け止めてね〜と毎回ニヤニヤしていました。

加賀市には一部を除いて、一つの中学校区に3、4小学校があるので、各小学校での実践の進み具合は、明らかに中学校への刺激となっていきました。

実際に、学びの改革が本格的に始まり、密度高く学びが変わった経験を小学校6年生でしてきた子どもたちが中学校に上がったとき、彼らを受け取った中学校の先生は「全然子どもたちの動きが違う」と誰もが言っていました。とにかく能動的に自分たちで動きたがるし決めたがる、ふいに「ちょっと考えてごらん」と投げかけたときにしっかり動けるし、交流の仕方をよくわかっている、ということを話していました。小学校でしっかり育てて中学校に送り出すということは、変わることがむずかしいと言われる中学校にとっては大きな原動力になるなと確信を持ちながら、小・中接続期を見ていました。

ただ、どんなに小学校で育てて中学校に上げたとしても、受け取る側が同じマインドでいられないと子どもたちは簡単に戻ります。つまらない授業になれば不安定になるし、自ら動こうなんて気持ちにまったくなれません。とにかく子どもの姿でしっかりつないでいく、ということが求められています。


中学校って、「小学校みたいに学習内容も簡単じゃないし、抽象度も上がってむずかしくなるし、教科担任制にもなるし、定期テストもあるし、小学校のときみたいに楽じゃないよ」みたいなちょっとマウントとりがちな中学校ワールドってありますよね（笑）。なんとなく変化することを子どもの方に求めがちになるので、子どもたちが必死にその環境変化に対応していこうと、振り落とされないようにがんばってついていっているイメージが接続期にありました。そして、最初は緊張感もあってがんばってやっていくのだけど、だんだん疲れてきて、振り落とされて2学期あたりから不登校になる子も多くなっていきます。

でも、小学校時代から自分たちが将来受け取る子どもたちの姿を定期的に見てきて、小学校から上がってきた子どもたちをしっかり受け止めて、そして、子どもたちの立っている世界の方に、中学校の先生たちが寄っていって、あの子たちが培ってきたよさを殺さないように、中学校の教科の強さもふんだんに武器にしながら、最大限あの子たちの強さが生きるようにと授業を変えていった中学校はやっぱり強かったです。子どもたちの成長が停滞せずにぐんぐんと伸びていきました、その幅も著しく、子どもの学びが小・中と「つながった」感覚を持ちました。

子どもの学びは連続しています。単元や教科、暮らしや社会という横のつながりもそうですが、時間軸として縦もしっかりつなげてあげたい。それは、就学前の幼保から小学校の接続も同じ考え方です。

小学校の方が組織は小さいのでまとまりやすいですが、学級担任・個人商店なので、全体で練り上げていくスピードは、中学校の方が本気になって組織として取り組めるようになると圧倒的に早いと感じています。教科の専門性も高いので、今回の学びのスタイルは、中学校の方が実はよくマッチします。ただ、小学校ほど一人ひとりの学びの特性を知る機会や時間も少なく、また振り切る勇気はあまりなく堅実に押さえながら行きたがるので、より〝組織〟で進めるかどうかは、変わるための重要な要素となっていました。

教科の特性に応じて委ねるバリエーションもだいぶ変わってくるので、とくに教科担任制の中学校では、誰かが蚊帳の外にならないように、教科関係なく共通して探究できる視点があると、組織として全体が進んでいきやすいと思います。共通テーマの抽象度のレイヤーをちょこっと上げることが大事ですね。

二兎を追うむずかしさと絶妙さ

「教科のねらい」と「自律した学び」という二つのバランスについて言及しておきます。

これ、さらっと書いてますが、ものすごくむずかしい世界です。改革初年度は、「とにかくやってみよう」モード全開で、まずは「授業観」「子ども観」を変えてもらうために振り切ってもらい、細かいことはとやかくこちらも言わずに、ひたすら背中を押し続けて、チャレンジをそれぞれが出しまくった1年目でした。2年目は、「活動あって学びなし」のような状況にならないように、「教科のねらい」も見据えて場面設定・環境設計をしていけるようにしようねってことで、年度はじめに教育委員会から、『教科のねらい』と『自律した学び手』の2軸を意識しよう」と、かなりトーン強めで授業づくりの重点として伝えました。

そうすると1学期に何が起きたかというと、授業がとたんに小さくまとまってつまらなくなりました。細かく刻むようになりました。無意識に「これまで」に戻ろうとする強烈な引力が働き始めたんですよね。要は、先生がコントロールする幅が増え、子どもの自由度が落ちて、彼らが試行錯誤できる範囲が狭まったわけです。子どもたちが縦横無尽に寄り道しながら歩いていた広い道に、赤色コーンがたくさん置かれて、はみ出さないように歩ける道がせばまった感覚です。これは、「ねらいを押さえにいく」ということが、先生から子どもたちに「しっかり明確に伝える」とか「コントロールして細かくチェックする」という行為になったということです。

これは単純な構図として、「子どもを自由にする」ということは「先生の不確実性が高まる」というバランスでできていることから来ています。中学校が高校受験を気にして委ねるハードルが高いのは、ここから来ている話なわけですが、「ねらいを達成する＝先生がしっかり明確に伝える」とか「コントロールを強める」という術しかないと、一斉指導に戻ります。でも画一的な一斉授業はいろいろな負の面が大きいから変えようということになったわけなので、バランスが崩れそうなときには、何が大事なんだったっけ？と先生たちに言葉を渡していきました。

教科のねらい達成のために、「先生が教える」ということだけではなくて、環境設計や問いや課題設計、導入、見取り、声かけ等の工夫でどうハシゴをかけていくのか、戻りそうになったらここでバランスをとっていくことが必要だよって、みんなで声をかけていきました。要は引き出しを増やす必要があるんですね。ここを超えられないと、次に進んでいけないので、このあたりは悶絶しながら、振り子状態をそれぞれの先生が繰り広げて、迷って、それでもよりよくなろうと前に進んでいる、という状況でした。この二つは二項対立ではなく、混ざり合って絡み合っていくものであると分かっているものの、それぞれの意識を強めていくことは、授業デザイン上、逃げてはいけないところだと思っています。

ちなみに、市内に一つ小・中併設校があるのですが（2025年4月からは義務教育学校）、授業づくりや研究などを小・中の先生が完全に混ざってやっているので、小・中それぞれの得意なところを存分に引き出し合いながら、「教科のねらい」と「自律した学び手」の絶妙なバランスをよく攻めていました。何事もバランスですね。

この二兎を追う経験を経て思ったのは、私や私たち市の教育委員会が単体で正しくあろうとすることがけっこう害なのかもしれないということです。どういうことかと言うと、義務教育は、県の人事権・研修権と、市町村の設置者管理主義のもと、二重行政構造ででできていますが、この頃、県の教育委員会としては、加賀市の学びの改革を応援してくれつつも、活動あって学びなしにならないようにと従来から県として大事にしている「教科のねらい」に迫ることをことさら強調して言ってくれていました。それは確かに大事なこと。でも同じトーンで私たち市の教育委員会もそれを現場に伝えたら、両方を受け取る学校現場は「教科のねらい」に強く強く引っ張られます。現にそうなりました。授業が戻りました。

大事なのは、私たち教育委員会が正しくあることではなく、最終的に学校現場がいい塩梅でバランスがとれるようになることなのかなと思いました。それを調整できるのは、学校の息遣いを常に感じられる基礎自治体である私たちであり、全体を俯瞰しながら現場の温度感を見つつ、ニュアンス調整して発信することが大事なんだろうなと。だから、「自律した学び」をもっと強調し続けるべきだったのかなと今は思います。こういうのもやってみないとわからないことなんですけどね。日々学び。

第5章 広報・PRデザイン

この章では、学校教育ビジョンの推進状況などについてどう広報・PRをデザインし、どう展開し、それを利用してきたのか、というあたりを書いていきます。

熟すまで待たない

行政で最も苦手な分野が「広報・PR」だと思います。国も地方も本当にうまくない。まだ完全にやれていないことは誇大に発信できないというまじめさが売りなのが行政ですが、そんな感覚は私にも染みついていました。ここでまた登場するのが宮元陸市長なのですが、とにかく広報・PRすることを求められました。もっと市民に知ってもらえ、もっと世間にアピールしろ、それに後押しされたこともあり、熟すまで待たない発信を始めました。

「全小・中学校で改革進めています！」というのが売りの加賀市の学びの改革ですが、もちろんすぐにそんな状況は訪れません。ただ、1校でも動き出したら、地元テレビ局に取材してもらったり、新聞に書いてもらったり、ウェブ記事にしてもらったりと、「動き始めました」ということを伝えていきました。市の広報誌でも毎月連載をして、毎月違う動きを見せていきました。どういう学びの改革を進めようとしているかをできるだけリアルな「映像」として見せていくこと、現実的に改革が動いていることを知らせることは、けっこう大事なことと感じています。確かに、人は常に変化をしていることに対しては、気になるし、興味を持ってしまう性分ですよね。

広告とは「好告」

この小見出しは、私がブランディングを考えるうえでよりどころにしている原野守弘さんの『ビジネスパーソンのためのクリエイティブ入門』という本にある言葉です。宇多田ヒカルやいきものがかりのプロモーションを担当されてきたソニー・ミュージックの梶望さんからご紹介いただいて、すぐに読んだら、これだ！とどハマりしました。

この言葉は、「広告とは『好告』である。『自分自身』についてではなく、『自分が好きなもの』について語ること」という意味です。また、本書ではＴＥＤで大人気となったサイモン・シネックのリーダーシップ論のなかで、「人間は『信念を持ったブランドや人物についていく』」と説いていたという言葉が紹介されていました。「共感」が集まって、「連帯」を生むプロセス、そして「好き」が世界を動かすという世界観にたいへん共鳴しました。私が好きなアーティストもブランドも確かにこういう構造で私は魅せられているなと思い、ノートにびっしり本の内容を写して何度も言葉が持つ意味を味わっていました。

よくある行政広報は、「○○市は、本日○○をしました」という事実ベースのお知らせをします。行政は客観的であるべきという考えも強いですし、当たり障りない内容であれば、批判されるリスクを小さくできるからです。行政対応に対して小さい粗《あら》を突いてくる人は現実にいるので、行政機関がおもしろいことをできなくなるのも無理はないのです。

ただ、こういう広報がなぜおもしろくないのかを考えてみると、そこに「共感」が生まれないからなんだなと思います。この本に出会って以来、InstagramなどのＳＮＳの更新の際には、私自身や教育委員会として大事にしている子どもたちの姿を中心に表現するようにしました。写真は、何をやっているかということではなく、子どもたちの「表情」や子どもたちから発せられる「言葉」など、こういう姿いいよね、増やしていきたいよね、学びってこうあってほしいよね、と「好きなもの」を集めるよう心がけていました。

年度初めに市の公式ＳＮＳへの写真の使用許可をいただいている寛大な保護者の皆様のご協力もあり、教育委員会っぽい広報・ＰＲからの脱却が実現しています。行政は客観性が大事であるのも事実なので、主観を入れることについてはためらいもあります。ただ、これまでと違うことをやらないと今までと違う世界は見ることができないので、行政のブランディングも一考する余地はあるのかなと思います。

そして、広報・ＰＲにおいてもう一つ大事にしているのは先生たちの姿を映すこと。先生バッシングが絶えないこの世の中、せめて保護者や地域の皆さんには、ぜひとも自分の地域の先生たちのことを信じて認めてほしいと心から願っています。保育園や幼稚園と違って、小学校以降は、直接保護者が先生と接する頻度も極端に減りますし、普段の姿を見る機会って実は全然ないと思うので、教員研修の姿も含め、この改革で悩みながらも懸命にみんなで努力している姿も、日頃の授業で子どもたちに寄り添いサポートをする姿も、積極的に載せていきました。

裏テーマとしては、各学校の様子をまんべんなく載せることで、見ている市内の先生たちへの外圧？や檄《げき》？も兼ねているというところもあります。他の学校もみんながんばっているよー、みんなでがんばろう！みたいな気持ちを乗せながら。いい授業が日々たくさん生まれていることを多くの先生に知ってほしかったので、教材が映り込むようにしたり、授業の流れも説明したりと、ちょっと保護者向けにしては玄人《くろうと》な内容も含まれることもあったのは、そんなねらいもありました。

テレビや新聞の取材は、こちらの意図や伝えたいことをなかなかコントロールできない部分もありますが、自ら発信できる機会に、「何を愛するのかをはっきりさせる」ことを常に意識しました。こうした広報の積み重ねは、視察を呼び込む大きな原動力になり、また加賀市が次のステージに進む大きな足がかりとなりました。

見られて、魅せて、成長する

広報・PRも奏効しビジョン2年目からは県内外からの視察数が急激に伸びていき、相手のニーズも踏まえながらできる限り視察を受け入れる学校を分散させていきました。視察受け入れは広報にはなりますが、時間もとられ大変な部分はあるため、この場をいかにうまく利用していけるか、Win-Winに持っていけるかを考えていきました。

それにしても、県庁所在地でもなければ、ついでに立ち寄ろうと思えるような場所にないのに、北海道から沖縄まで全国各地から、加賀の子どもたちに会いに来ていただけたことは、やっぱりとても励みになりますし、うれしくありがたいことだなって常に噛み締めていました。

視察をフックにして、一段授業の質を上げる場にするということは、校長会でも「島谷のつぶやき」でも何度も話をしてきました。アイドルと同じで、見られた分だけ綺麗になれるからね！と。見られて、最高の子どもたちを魅せて、また先生だけでなく子どもたちにも自分たちの学びに自信をつけてもらえたらなと思っていました。

学校にとっては、普段どおりでいいよってこちらが言ったとしても、少しだけギアを上げて準備して迎える日になります。やはり普段より教材研究やそのための準備もしっかりします。やっぱり見てもらうからには、いい子どもたちの姿を魅せたい、認められたいと思うのが当然の心理です。と言いながらも、子どもに委ねる授業は、普段の積み重ねが鮮明に子どもの姿として出て、ごまかしがまったく効かないので、結局自然体しか見せられないんですけどね。

それでも、先生が教材研究して、個々の子どもたちの動きを想像して、手立てを打って、それがうまくいくかどうかを本気で試そうとする場には間違いなくなるので、視察はいい機会になります。しかもその時間だけでなく、単元を丸ごとしっかり考えて、子どもが自分事となるような工夫や仕掛けをしないとうまくいかない学びなので、視察を受けた前後の期間しばらくその効果が続くことも、これまたいい時間です。

そして、視察では授業を見てもらうだけではなく、とにかくそれぞれが「語る」ことを大事にしてもらいました。第一フェーズは校長先生が語れるようになること、次に授業者や主任層が語れるようになること、こういう流れで加賀市や学校を代表して語ってもらうことを繰り返しました。説明する、言語化するというのは、相当思考が練られた後にしかできないので、自分の取り組みをリフレクションするいい場になります。また、初期に自分たちがぶち当たってきたことについて、これから挑戦しようとしている先生たちはそれを素直に質問としてぶつけてきますが、それを打ち返して対話する過程で、自分の取り組みの強さや弱さを自覚するというところも大きな機会でした。

ある校長先生は、「他者の目から見た自分の学校のよさや視点を伝えられることで先生たちのやる気が高まり、よりよい授業を追求していくという気概がさらなる実践を生み、よいスパイラルが生まれている」と言っていました。そういう機会を視察に限らず、どうつくり出せるかということが大事だなと思います。

そして、教育委員会のチームメンバーにとってもいい人材育成の時間にもなりました。ビジョンを何度も語り、何を大事にしているのか言語化する行為をずっと繰り返していると、やはり相当思考は洗練されてきます。

自分が何度も何度もみんなに伝えてきてことを、彼らが自分の言葉で堂々と語っているシーンを見ると、毎度毎度感慨深くてうるっとしてしまいます。

不完全がちょうどいい

加賀の話ではないですが、一部の学校の世界では、昔から「研究公開発表」というキラキラしたものがあります。伝統的な研究校なんかでは、非の打ちどころのない完璧に準備された授業を見せることが多く、この日のために死ぬほど残業して準備している学校もあったりします。確かにすごい授業ばかりなのですが、日常での再現可能性が限りなく低い取り組みも多いので、見にきた人は何を持って帰るのかなと毎度見るたびに思っていたところでした。こういうひねくれた思いがあったので、完全に育ってできあがってから人に見せるということを加賀ではやめました。

人って、ものすごく遠いゴールを見せられても、どうしたらそこに進めるのか想像がつかないものだと思うんです。進むべきスモールステップが見られないと、何をしていいのかわからないのは子どもも大人も同じです。ですから、「ちょっと挑戦してみます」という程度のものでも、どんどん校内・校外に授業公開するようにお願いしました。

ある程度力もあって実践が進んでいる人にとっては、より高みにいくためには、よりうまい先生の授業を見たほうが学ぶことが多いのは確かです。そういう先生たちは、いい実践のさりげない手立てに気づいて理解できる審美眼があるので、受け取ることができる情報量も多くなります。ただ、まだ一歩目という段階の先生にとっては、正直、あまりうまくいかなかった授業を見るほうがハッキリと得られるものが多いなと感じています。

あの手立てをもっと打っておけばあの子たちはもっと自分の力で動けたのではないかと

か、先生からの最初の導入が長すぎて子どもの思考の時間を奪ってしまってもったいなかったのではないか、では何を絞り込んで導入すればよいのだろうかとか、うまくいかない姿を見ると具体の課題がたくさん頭に浮かびます。今さら市内の学校同士で格好つけるも何もないだろうと思っていますし、お互いの学校訪問を積極的にするようにどんどん声をかけていきました。

視察のメリットを最大限活用したのが、年1回開催していた市外・県外向けの「KAGA Education PLAYER's day」という教育委員会主催の公開イベントでした。午前中の授業ツアーと午後の参加者全員での対話型研修を繰り広げる公開イベントになります。対話の場では、加賀の教員が必ず各グループに入るようにしています。「語れるようになる」という研修の場です。

ここで大事にしたのは、「不完全さ」です。現に、学びの改革は始まったばかりで道の途上にいるし、今も迷っているし、悩んでいるし、まだまだ不完全だけど、何を大事にしていくのか、次に何を乗り越えていくべきなのか、子どもたちのためにどう自分たちの授業があるべきなのか、みんなで考えていく場にしたい、というコンセプトでつくりあげました。発表する側と見にきた参加者側とを能動・受動の関係にしないことが大事であって、ドヤ顔をする場にはしなかったこと。私からも、こういうところで今はむずかしさを感じていて、すごく悩んでいるということも含めて、最初に赤裸々にお話ししました。ドヤ顔する場ではないということが伝われば、現場の先生たちも本音を出しやすい空気感になるので、本音の対話を全国の思いのある先生たちと展開することができる最高の研修の場になります。

こういう縁で、加賀の先生たちが他自治体から呼ばれて現地に行って授業づくりを一緒にしたり、取り組みを発表したりするような機会も生まれました。同じ思いを持つ自治体同士が県を超えて、広域につながっていく新たな連携のあり方に大きな可能性も感じます。

見ていて思うのは、つくづく教師は学び合うことが本当にうまい職業人だなということです。先ほどご紹介した原野守弘さんの『クリエイティブ入門』では、創造するための三つのステップとして「好きを盗む」ということが紹介されています。「『好きを盗む』のステップは、『好きを抽象化する』と言ってもいい。『好き』になったものをただ模倣するだけではパクリになってしまう。盗む、つまり『自分のものにする』ためには、あなたの『好き』を抽象化しなくてはならない」ということが書かれています。

いいなと思った実践を真似たいと思うのは、やっぱり何かその場面に対して抱いた「好き」な気持ちが根源にあると思うんです。目の前の子どもも違うので、もちろんそのまま真似てもうまくいかない。自分のものにして実践に変えていくときのプロセスというのが、教師という仕事ではとてもとても大事なんだろうと思っています。それができる先生は、やっぱり引き出しがどんどん増えていくし、貫かれている軸がハッキリしているなと感じます。抽象的なお話になりましたが、「抽象化することから逃げない」ことはどんな職業でも大事なことだと思っています。

横道にそれましたが、このイベントも通常の視察でも、悩みも含めて進化の過程を赤裸々に見せていたことが、加賀に何度も何度もリピーターになって来てくれる人が生まれた要因になったと思っています。この場に来てくれた人たちが、また違う仲間を連れて再び訪れてくれたり、大型バスに先生たちを乗せて大視察団を組んでくれたりと、そういう循環も生まれました。見にくるたびに変わっていく姿を見るのが楽しいと、コアなファンも生まれています。まさに、「好き」が動かした人とのつながりだなって思います。そして、ちょっと不完全だから続きが気になるみたいです。

難問の保護者アプローチ

「保護者へどう説明したのですか？　反対はなかったのですか？」ということもよく聞かれます。ビジョンを公表してから1年間ぐらいは、ＰＴＡはもちろんですが、加賀市のありとあらゆる団体の会議や場に顔を出して、「加賀市の教育はこう変わっていきます！」ということを広報し続けました。市の広報誌でも毎月連載を組み宣伝し続けました。

が、やはり隅々まで、とくに保護者層へのリーチは、けっこうむずかしかったという感触です。現に、まだ学びの改革がうまく軌道に乗っていない時期は、「先生が教えてくれなくなったと子どもが言っているけど、いったいどうなっているんですか」「クラスで立ち歩いている状況になっているみたいだけど大丈夫なのか」「先生が教えてくれていないのに学力がつくんですか」「うちの子はちゃんと自分の力でやれるんでしょうか」などなど、直接教育委員会にお電話やメールをいただくこともあれば、学校が直接言われたこともありました。

この新しい学びを説明なしに突然見せられたり、断片的に伝聞されると、保護者の皆さんとしては何をやっているのかまったく理解ができない状況になるのも無理がありません。しかも、子どもたちと先生のタブレットに多くの教材が用意され、情報が集約されていることがほとんどなので、親にしてみれば状況把握がかなりむずかしいです。また、何をしているのかよく分からないけど、子どもが自由に動いて、楽しそうで、遊んでいるようにも見えるという光景にも出会います。こういう光景に対して、なんだか気持ちがザワザワする保護者の皆さんもいれば、ポジティブに捉える方もいらっしゃいます。同じ状況を保護者が見たとき、感じるものには非常に幅があるということもわかりました。

教育はすべての人が確固とした経験として持っているので、自分が受けてきた教育体験が絶対的な基準になりがちです。旧来型の学校教育で成功してきた人たちは、旧来型の教育への一定の信頼と評価があります。

一方で、学校の授業が嫌いで仕方なかった人や、現に今自分の子どもが学校の学びで苦しんでいるとなると、学びの転換は大歓迎となります。そして意外にも多いのが、そもそも授業の方法自体には関心がなくて、楽しく学校に行ってくれればそれでいいと思っている層です。

このように保護者の思いや考えに幅があるなか、一番気を遣いたい相手は、この新しい学びに対して違和感や不信感を抱く保護者層です。静観してもらえる分には何も問題ないです。ただ、明確に異を唱えられると学校はとたんに苦しくなるので、新しい学びの形での授業公開とこの学びを進める理由の説明は、必ずセットでやるように学校に再三お願いしました。家庭で見る子どもの姿とは違う生き生きと学ぶ姿を見せられれば、きっと不信感を持つ気持ちにも変化が生まれるはずなので、しっかり理由を説明して堂々と子どもの力を保護者の方に見てもらおうと校長先生たちに伝えてきました。

学校も、説明とセットでしっかり公開してくれました。家庭へのおたよりで「明日の公開授業ではこんな授業をします、それはこれこれ理由があって、こういう力を育てたいからです！」という内容をお知らせしたり、私たち教育委員会メンバーで分担してＰＴＡ総会などに出向いて説明したりもしてきました。

そして、外からの価値づけの機会も意識的に増やしていきました。この手の広報は、コンテンツとしては動画が圧倒的に強いので、地元テレビ局の取材も並行して機会を探り、いいタイミングで取り上げていただき、価値づけしてもらいました。アーカイブもYouTubeで残してもらうことで、またさらに広報しやすくなるというよい循環が生まれました。

「内容はよくわからないけど、どうやら最新の教育を加賀市はやっているらしい」くらいの感覚が広がっていくと、少し風向きが変わっていきます。今度は、「うちの学校では、新しい学びをやっている気配がないんですけど、いったいどうなっているんですか？」というクレームの方が大きくなります。ここまでくればあとは進むのみです。

とはいえ何より、保護者に対する最大の広報媒体は子どもたちです。子どもがネガティブな思いを持っていれば、さまざまな形でそのまま保護者に伝わります。結局、いい授業をして、子どもに授業楽しいよ、おもしろいよ、この形いいよねって思ってもらえることが、最大の保護者への説得材料になるということですね。さまざまな広報手段はあくまでも助走や装飾するぐらいの効果しかなくて、本質的なところまで持っていくことはできません。

なので、やっぱり授業をよくするしかない、それに尽きるなって思います。

終章

ここまで、５つのデザイン戦略についてお話ししてきました。終章では、全体を通じて書き足りなかったこと、ぜひ残しておきたいところに言及していきたいと思います。

子どもたちの変化

この改革が予想以上のスピードで進んでいったのは、現場の先生たちの努力というところは言うまでもありませんが、最大の味方になってくれたのは加賀の子どもたちでした。子どもに学びを委ねると、子どもがさまざまに反応するわけですが、本当に素直な子たちなので、つまらない課題や問いを渡されたときは、心底つまらなそうな表情をするし、うんざりしている気持ちを態度で表します。規律で押さえたら真正面から反発します。先生に気を遣って空気を読もうともあまりしない子たちなので、わからないものはわからないと主張します。なので、呑気につまらない授業をし続けるわけにはいきませんでした。

現に、着任時には、一斉授業でなかなか入れない子どもたちがいる状況に困っている先生が多かったです。「うちのクラスの子、厳しいんです」って苦しんでいる先生もいました。でも、先生たちがどうにかしたいと「困っていた」からこそ、このビジョンが先生のなかに入り込めたということも大きかったと思います。

いい形で学びを委ねられたときは、「やりたいです！」「やる気あります！」とすごい前のめりになったり、走って自分のやりたい教材のところにいったり、「先生できたーー！」ってうれしさあふれて突進していったりする、そういう子どもたちです。こうやって、子どもたちから授業に対して常にシビアな評価を日々受けることが、先生たちの気持ちを大きく動かしてくれた最大の要因だったなと私は感じています。

改革が動き出すきっかけは、私の着任であったし、ビジョンでした。ただ、持続的に先生たちをブーストしていったのは、子どもたちの姿です。子どもが変わっていく姿に背中を押され続けました。

小学6年生のときに学びの改革が始まって、中学校に上がった子どもたち7人にインタビューをしたことがありました。少しご紹介します。

Q　以前の授業形態と、BE THE PLAYERが始まってから、どう変わった?

◆手をあげて特定の人の意見で進んでいく授業はおもしろくなかったけど、人と相談したり、話したりしながら考えられるから、授業がだんだんおもしろくなった。

◆それまでの手をあげて当てられる授業は、特定の子しか発言しないし、人と交流して新しい考えを生み出す場面が少なかったけど、BE THE PLAYERが始まってからは、いろいろな人と交流して、自分の考えを人と広げたり、説明したりすることも多くなって、理解も深まったと思う。

◆それまでは意見に自信がなくて手をあげることがとても苦手だったけど、自由進度学習は、友だちと気軽に自分の考えや意見をしっかり言って問題解決していくスタイルだから、中学校に行ってからも人の前で意見を言ったりする自信につながっていると思う。(同様の意見多数でした!)

◆手をあげる授業のときは、自分の教科書を使わなくても勝手に進んでいったから教科書を開くこともなかったけど、BE THE PLAYERが始まって自由進度になってからは、ちゃんと自分で教科書を開いて、人と考えを深めながらやっていくので、しっかり考えて理解できるようになった。

Q　逆に困ったことやむずかしいことはある？　困っていそうな子はいる？

◆答えを考えないですぐに答えを見てしまう子がいたりすると、理解ができずに答えだけわかるってことになるから力がつかないなって思う。

◆グループに入れない子がいると心配になる。

◆他の人に頼れなかったり、一人でやっていたり、人とかかわらないでいると、考えも深めることができないし、自分のやり方が本当に合っているかわからないから困るんじゃないか。

◆「自由」になるとよけいな話が出てきてしまうときがあるから、先生が細かく見回りした方がいい（笑）。

◆小学校より中学校は内容がむずかしくなってきて、むずかしいな、わからないなって思うことが増えてきて、先生に聞いたことを広げたりしていきたいけど、教科によって先生が変わるようになったから、聞きやすい先生と聞きづらい先生がいると困る。

Q　授業が変わって、勉強「以外」でできるようになったことはある？

◆友だちと協力して考える力が身についた！
◆コミュニケーション力が高まった気がする。
◆人と交流したり、意見を交換したりする力が身についた。
◆自分のペースでやるから、自分でなにかを計画してやるって力がついた。
◆人に聞く力！
◆友情が深まった！

Q　これから授業を変えてみたいと思っている先生へのアドバイスは？？

◆まずグループでやってみて、慣れてきたら、みんなの自由度をちょっとずつあげていけばいい！
◆クラスのみんなの関係がよくないと、うまくいかないスタイルだから、まずはそこからやったらいい！

大人があれこれ心配しなくても、子どもたちはちゃんと分かっているし、よく周りを見ている。そして、先生の願いを受け取ってくれているなって思いました。

小学5年生にもインタビューしたことがありました。

◆4年生までの手をあげる授業では、問題がわからないまま先生の解説が始まって、それでもわからなかったときには、「わからない」ってことが言いづらくて、ちゃんと理解できないままだったけど、マイプラン（自分で計画を立てて自分や友だちと協力して進めていくスタイル）だと最後まで自分で考えることができるから、ちゃんと理解できていいなと思う。

◆「次は算数の授業です」って先生に言われると、「えーーー」って嫌そうな声を出す子がたくさんいたけど、マイプラン学習のときには、そういう言葉は聞こえないからいい。

◆マイプランのときの方がみんなとてもイキイキしている。

小学生も中学生も「一斉授業」という言い方はせずに、「手をあげる授業」という言い方をよくしていました。なんでそういう言い方をしたの？って聞いたところ、授業と言えば挙手することへのプレッシャーがあることだったり、挙手する子が固定化されているネガティブなイメージだったり、授業というものはできる子の挙手と先生のコンビネーションで進んでいく感覚があったみたいです。子どもにとって一斉指導のなかの挙手のインパクトがいい意味でも悪い意味でも強いってことなんですよね。これも一考する材料として受けとめたいですね。

「お母さん」だったり「教育長」だったり

子どもの変化と言えば、私自身が加賀市の小学生の保護者でもあったので、自分の子どもの変化も書いてみたいと思います。たまに仕事を抜けて保護者として授業参観や個人面談などのために学校へ行くこともありました。そのときは、いつもの職員玄関ではなくて、子どもたちの玄関から入るので、とても不思議な感じがします。

加賀市は、個人面談を「通知簿渡し」と称して、学期末に実施している学校がほとんどです。冒頭でご紹介したとおり、全国的に50代未満の教育長は0・6%くらいなので、教育長が保護者として小学校の面談に来る経験っていうのも、先生にとってはけっこうレア体験なんだろうと思います。全く重厚感のないキャラですが、やっぱり担任の先生は相当気を遣われていたんだと思います（個人面談がドキドキすると言ってました笑）。

学級通信で、1週間の時間割と内容を週初めに出してくれるので、「マイプラン学習」という文字を見つけると、「ちょっと行ってきまーす」ってその時間めがけて見に行っちゃったりしました。それもかなーり嫌だったろうと思います。ただ、子どもの友だちづき合いを通してクラスの子どもたちの解像度も格段に高かったので、他校の授業を見るときより、個々の子どもの学びの特徴がわかりやすくて、すごく学びが大きかったです。

先生の前向きなチャレンジとがんばりの経過とともに、自分の子どもの変わりようも手にとるようにわかるのもおもしろくうれしい経験でした。

しばらく前までは、もともと宿題が大嫌いな子で、「もうわかっている漢字を何度も書かせられる意味がわからない」と泣きながら、ひたすら漢字の偏を書いてからまとめてつくりを書くという無意味なことをやっていました。算数ドリルも暗算してから、筆算の欄を書くということをやっていて、これってなんの修行だよってブーブー言っていました。

やがて宿題にも自由度が生まれ、「明日はマイプラン学習（自由進度学習のこと）でこれこれやるから、自学であれやっておこっかなー」「テスト金曜日にあるし、今日明日2日に分けて、あれとこれと、やっていこうー」という感じで、先を見通しながら、進んでやるように変わりました。自分で何をやるのか考えて選択して責任を持ってその範囲をやる、そしてもっと褒めてもらいたいから、もっとがんばる、そういうなんとも素直な感じでした。「今日先生に褒めてもらえたよ！」って、まー本当にうれしそうにご飯を食べながらよく話してくれました。

「今日は、みんなで協力してやったけど、次はちょっと集中しないといけない部分だし、明日は一人でやろうかなー」とかブツブツ言いながら、明日の準備をしている姿も見たりと、とてもおもしろいものでした。子どもの成長も担任の先生の成長もダブルで感じることができて、とても貴重でうれしい経験でした。

面談しているときは、「お母さん」って先生に呼ばれますし、私も保護者モード全開で真剣です。自分の知らない息子の一面を知らされて、うれしかったり、ハッとしたり。転校生だったので、イチ母としてそれなりに悩みはいろいろありました。でも面談の最後に「今学期も本当にお疲れさまでした」って投げかけた言葉は、保護者の気持ちではなく教育長としての言葉になっちゃいます。

学期終わりの先生の顔って、本当にほっとしてものすごくうれしそうなんですよね。こんな顔なかなか学期中は見ない。それだけジェットコースターみたいな仕事です。「お母さん」としても、「教育長」としても、先生に心からの感謝の気持ちでいっぱいです。

改革の成果の測り方

「成果はどう説明しているんですか？　何で測っているんですか？　学力は上がったんですか？」このあたりもよく聞かれます。これに対しては、わかりやすく数値化することはまだまだむずかしいなと感じています。これだけ子どもの姿が変わって、明らかに楽しそうに授業に参加して学校生活を送れるようになっているのだから、これ以上の説得力ってないじゃないかと思うところもありますが……行政機関の説明責任としていろいろと努力してきました。

初年度は、一斉型の授業と委ねられて子どもが主体的に学んでいる授業とを比較するために、カメラを教室に何台も設置して、子どもの集中度などの変化を追い、ＡＩ解析をしてみたりもしました。大学の医学部や民間の研究機関と連携して、加速度計をつけて授業を受けてもらって、子どもの活躍度や同期する様子なども測ってみました。また、研究機関と協力して先生・子どもたち双方への質問紙調査もやってみました。それぞれ効果検証して、効果を説明できることはいろいろあるのですが、世間がスッとすぐに理解できるかというと、なかなか分かりづらいものでした。

「学力調査の全国平均より何点高い・低い、去年より何点上がった・下がった」というあの単純明快な世界観に勝てるものは今は存在しないと思います。

ただ、今求められている学びの転換を進めるうえで、一番やってはいけないのは、学力調査のみで結果を測ろうとすることだと思っています。大事な指標の一つであることは間違いないですし、軽視するつもりもまったくないのですが、「学力調査が上がらないのであれば効果はなかった」という構図をつくっている限り、新しい学びの転換は起きないと思っています。全国学力調査は、中3と小6しか受けていませんし、そもそも受けている子どもの対象も毎年異なり、個人の伸びを測ることは現時点ではできないものなのに、それを集団としての学びの成果や成長と捉えるものになり得るのかどうか。

またさらに大事なことは、そもそもどういう力を育てるために、この学びの改革を始めたのかという原点に対して、それを測り得るものなのか、という点を考えていきたいところです。ペーパー上の学力調査で測ることができるのは、あらかじめ誰かが用意した「問い」が設定されていてはっきり「正解」があるものであり、「自分一人の頭の中」だけで答えにたどり着けるかどうかという、学力のほんの一部の力を見ています。

今回の学びの改革は、子どもの「未来」を見据えて、困ったときに人の力を借りることができたり、困った子がいたら自分から助けに行ったり、時間がかかってもねばり強く自分の力で解決しようとする力であったり、自己調整して計画してゴールに向けて学びを進める力だったり、なかなかペーパーテストで測ることがむずかしい力ばかりです。

改革2年目は、小学校3年生以上は、「ScTN質問紙」を使って子どもの主体性の変化や学びの意識の変化を測っています。ScTN（スクタン）の正式名称は、School Transformation Networking（ScTN）であり、児童生徒の自己評価を回答方式とした主体的・対話的で深い学びのための意識・実態調査です。もう少しくわしく見てみると、「内容としては、大きく分けると、（1）主体的・対話的で深い学びを中心とした『学校教育の経験』とともに、（2）経験がもたらす『成長』としての『学びに向かう力』と『人間性』の育成状況、（3）経験と成長を通した『学校教育の成果の実感』を測ることができるようになっています。よって、現在の学びの在り方を、公教育の本質と正当性の原理にかなうよう、主体的・対話的で深いものに構造転換する支援ツールとして活用することができます」と説明されています。

これは、文部科学省の公的CBT（Computer Based Testing）プラットフォームである「文部科学省CBTシステム（MEXCBT《メクビット》）」にも掲載されている効果測定手法です。

この質問紙の内容が、実に加賀市で育てたい子どもの力とマッチしており、使い始めました。やってみると、各学校の子どもの学びの充実っぷりというこちらがザクっと感覚的に得ているものと、数字はだいぶ近いものがありました。個々の授業改善や研究の軌道修正をするためにも活用されていますが、先生によっては、子どもの主体性を大事にして授業をしていたつもりだけど、子どもたち自身はまだそこまで実感を持てていないというような結果も出てくるようで、大人が見る主体性と子どもが感じる主体性というのは、案外感覚が違うもんなんだなと思わせられるような一面もあるようです。子どもにそう思わせる要因はなんなのか、コントロールがまだまだ強くて、単に敷いたレールを進ませるだけになっていないかなど、考えるきっかけになります。そういう大人と子どもの感覚のギャップこそ、大切に考えたいと思います。

たとえば、以下のような質問項目は本質的な問いであり、学びの構造転換の状況を見ていく一つの基準になるだろうと思っています。

◆授業では、「授業を進めるのは、先生ではなくて、自分だ」と思いながら学んでいる。
◆授業では、挑戦と失敗を繰り返しながら、問いや課題の解決に取り組んでいる。
◆学んでいて解決できるかわからない問いや課題に出合ったとき、挑戦したり失敗したりすることを楽しめる。

いずれにしろ、定性的にしか成果を表現することができないことも多々ありますが、変化するためにがんばっている現場を守っていくためにも、しっかり多方面から根拠を集めておくことが大事だと思っています。

行政の施策の評価というところとも関連しますが、子どもの評価軸を多様化していくというのは、子どもの多様な可能性を開花させるうえで、ものすごく重要なことだと思っています。大学入試では、入学志願者の能力、意欲、適性等を多面的・総合的に評価していく「総合型選抜」をはじめとする入試形態の多様化がだいぶ進んできました。文部科学省調査によると、２０２３年度の大学入試では、国公立を含めた大学全体の「総合型選抜」の導入率は82・9％となっており、さらに募集人数の割合で見てみると、一般選抜以外の総合型選抜や学校推薦型選抜の割合などが4割を超えています。

ただ、高校入試でこうしたパフォーマンス評価が広がらないのは、公平性の担保や評価者の負担、体制の弱さなどさまざまに乗り越えるべき壁があるからですが、ＣＢＴ(Computer Based Testing）や生成ＡＩなどの進展など、テクノロジーをフル活用して、測れなかったものが測れるようになる、あるいは、測ることに多くの労力を費やさなければならなかったことが容易に測ることができるようになると、多面的な評価の可能性も広がり、子どもたちが認められる幅もより広がっていくと思います。教育に携わる人たちの不断の努力や追究とともに、心ある人たちの技術開発やテクノロジーの進展にも多いに期待したいところです。

やっぱり全部つながっている

教育委員会－学校管理職－教員－子どもの関係性は、すべて同じような構造でできています。子どもを信じて学びを委ねてほしいなら、まず私たち教育委員会は校長を信じて委ねていくしかない。委ねられて自由にできるよさを知った校長は、先生にも委ねてみようとする。同じ構造が子どもまでつながっていくわけです。子どもに試行錯誤の余地を与えてほしいと思うなら、それを実際に先生が経験してそのよさを実感するしかないと思っています。

ある日視察受け入れをしているとき、ある学校の校長先生が、視察者に学びの改革の過程を熱く語っているのを聞いていて、本当に入れ子の構造なんだなと改めて認識しました。完全に学校が自走したなと思えた瞬間でした。そのときの校長先生の説明っぷりを再現してみます。

校長に着任して、先生たちは本当によくがんばっていたけどなかなか成果が出ない状況だったので、だったら根本から見直そうと思いました。

子どもが自己調整力を働かせることなく、試行錯誤させずにすぐに「わかった！」となるような授業をずっと私たちはやってきました。なので、加賀市からビジョンが出たとき、「子どもに学びを委ねる意味も理由もわかった」とすぐになりました。変えないといけない。でもみんな自信がない。どうやってやるの？　でも一斉授業も自信はないという状況です。だったら今がチャンス。「やらないことが失敗になるよ！」って言いました。まだ始まったばかりの取り組みだし、うまくいったかどうかなんて誰もわからないから大丈夫。やってみたら見えてくるはず。得られることしかないよって。かっこいいことなんて誰も求めない。指導主事にかっこいい授業をしようなんて何の価値もないからね。指導案はいらない。そんな時間があったら子どものための教材研究をしてほしい。そう伝えたら、先生たちの目がキラっとしました。

隠れた課題として、うちの子たちが進む中学校は大きな学校になり、2学期になると登校渋りが出てくる傾向もありました。そこをなんとか解決したいという思いも強かったです。たくましく学んでいくこと、困ったときに友だちに助けてもらえること、自己調整力をつけること、そういう子どもを育てたい。これまで、先生たちは手取り足取り、困る前にヒントを渡しにいったり、すぐに助けて邪魔をしにいったりしていたから、だからもう振り切っていくしかないと思いました。

学びを変えるために管理職しかできないことはなんだろうと考えたときに、空間・時間・資源を生み出すことだと思いました。だから、空間づくり、時間づくり、人と金の資源づくりをしていきました。

小さい学校なので空き教室がなかったのですが、なんとか空間をつくり出そうと、後ろ半分が物置になっている部屋を学びの空間にするために、まず使っていないものを教頭と二人で毎日大掃除です。捨てていいって言えるのは校長だけだからどんどん整理しました。教育委員会の「空間デザインプロジェクト」に手をあげて、図書室と物置部屋だった部屋を改修工事でくっつけてもらって、学校研究でエントリーして手に入れた民間資金で電子黒板も設置してもらって、最高の学びの空間に変えました。音楽準備室も整理して学びの空間に変えました。

そして、むずかしい「時間」のマネジメントについては、それまでやっていたモジュールタイムも一生懸命やっていたけど効果もなかなか出ず、子どもたちの帰りも遅くなり、職員室に先生たちが16時近くに疲弊して戻ってくる状態だったから潔くやめました。削れる時間を探すとき、子どもたちの長休みは絶対に削りたくなかったから死守しました。掃除の回数を減らしたり、その他時間調整をして、長い日でも、下校は遅くとも15時にしました。水曜日は13時45分に子どもが下校。14時から教材研究しています。その日は職員会議も入れないようにしました。

教育委員会の伴走チームやICTサポーターなどにも来てもらって、みんなで授業づくりをできる環境にしました。一人でがんばらせない。みんなでがんばれるように助けてくれる人、資源を集めることが校長にはできます。

そして、お金を引っ張ってくる努力をする。市の事業だけでなく、民間からも企業の助成金や教育論文などを書いてお金を引っ張る。

保護者へ公開して、なぜこういう学びをするのかたくさん説明してきました。「わが子がこんなに学びを向かう姿をはじめて見ました。友だちに聞きに行ったり、感動しかなかった」「パソコンを自由自在に使ってやっていて、びっくりした！　応援します！」地域や保護者には応援してもらえるようになりました。

視察では、現場の先生が来た際には、先生たちに説明してもらっています。視察は実践を言語化するいい場。普段は自信なくやっていたとしても、ドヤって語ることも多く、語りながら、自信を高めていくというサイクルもいい循環にしていきました。

大事にしていることは、根っこを大事にすること、目的意識を持つこと。なんのためにやっているかということ。子どもたちには「語りのミルフィーユ」をしています。子どもには、繰り返し繰り返し語る。ガイダンス、ガイダンス、学び集会、学級指導、始業式、さまざまな場面を捉えて、自分の力で学ぶことの意義を話す。

子どもの学びが素晴らしかったら、急遽ミニ集会をして、子どもたちに存分に伝えました。ふりかえりでこんなに素敵なことが書けているよ！　こんな姿がよかったよ！　子どもが一生懸命やっていることは当たり前じゃないことだからしっかり褒めたし、子どもも喜んだし、先生たちもうれしいし、学校中がうれしい気持ちに包まれました。

校長として、教員にも子どもにも、小さな挑戦を価値づけました。やがて教員の方から、「こんなことやってみたいのですが」と言ってくれるようになりました。

振り切ったことで幅が出ました。引き出しが増えました。意図を持った指導ができるようになりました。

もっとここを準備した方がいいな。もっと手を放したらいいな。もっとかかわり合ったら学びが充実するのにな、などまだまだ課題もあるし、変えていくべきところもあるけど、とにかく楽しんでみんなでやっています。

不易流行と脱皮しないヘビ

お隣の小松市と加賀市で合同校長会が年に1回だけ開催されるのですが、めったに会わない校長先生がたくさんいるなかで、なぜか気合いを入れて毎年この話をしていました。人事異動でもしかしたらこのなかに来年加賀に来る先生がいるかもしれない、ということを考えていたことから、勝手に盛り上がって一人で気合いを入れていただけなんですけど。

加賀も松尾芭蕉と深いゆかりのある場所ですが、彼の言葉の「不易流行」を、「変えてはいけないものがある」と何かを変えたくない言い訳をするために都合よく使う人がたまにいます。また、不易と流行に分けて、これこれは変わっていくもの、これこれは変わってはいけないものというように、考える人もいますが、不易流行はもともと「不易」と「流行」に分かれていません。これはつながっているものです。いつまでも変わらない理念をベースに、新しいものを取り入れていこうということであって、新しさを求めて変化することが世の常だということを伝える意味であったと言われています。

ニーチェの「脱皮できない蛇は死ぬ」というのも、前に進むことをためらったときに自分に言い聞かせています。自分の殻は、自分の強さであったり、自信であったりするけど、場合によっては、成長や変化をさまたげる弱点にもなってしまう。自分の殻の中に閉じこもっていることは、心地よいことだが成長はない、そういうことを表している言葉です。

改革当初、あからさまに反発する気持ちを出していたベテランの先生が何人かいました。でもこのベテラン勢の脱皮っぷりは本当にすさまじかったです。

周りの先生たちのがんばりにも刺激を受けたり、子どもが変わっていく様子を見たりして、パソコンも一太郎しかできなかったような先生が、単元マップを考え抜いてデザイン性も豊かに子どもたちがわかりやすいようにつくりあげ、そこにさすがの経験の重みで、教科のねらいもしっかり落とし込まれていて見事でした。ヒントを用意したり、実体物を用意したり、環境設計も考え抜いて、ものすごく子どもたちが楽しそうで、とてもとても素敵な授業に変わっていきました。その先生、みんなの前で「もう自分は後ろには戻れません」って言ってました。

別のベテランの先生も、ＩＣＴなんか使ったところを見たこともなかったのに、ＩＣＴを使い出したり、子どもたちに対話させる場面なんて見たこともない先生が対話が生まれるような授業に変えていったりと、ベテラン勢の躍動っぷりは相当うれしく、何度も元気づけられました。

蛇って大人になると年3回ぐらいしか脱皮しないらしいですが、成長期には10回ぐらい脱皮するらしいです。まさにこのベテラン勢は成長期のヘビでした。

そんな姿を見て、脱皮できる大人って本当に素敵だし、強いなって思いました。そして、人はいくつになっても、変われるんだなって思いました。

よりよくなろうと変わり続けること。

これが、子どもたちの「今」と「未来」に、真正面から誠実に向き合うことだと思っています。

あとがき

加賀の学びの改革は、団体戦です。

私の力は微々たるもので、教育委員会事務局のメンバー（一人残らずみんな！）、教職員の皆さん、教育委員の皆さん、石川県小松教育事務所の皆さん、学校を支えてくれている保護者や地域の皆さん、このプロジェクトに参画いただいた大学やＮＰＯ、企業の皆さん、いつも応援してくれていた市議会議員の皆さん、いつだって最大の味方でいてくれた宮元市長、深村副市長、そして何より加賀の子どもたち、それぞれが変化することを受け入れ、試行錯誤をしてもがき、でも楽しみながらやっていこうと前向きに脱皮していって、それぞれがそれぞれの持ち場で、歩幅は違っても変わり続けようとしたから、それが地域一帯で大きなうねりを生み出す力となり、団体戦を繰り広げることができています。本書で書いていることも主語は「私」ではなく、ほとんどが「私たち」です。皆さんそれぞれが成し遂げてきた集合体です。

私は、そういったみんなの変化する姿にひたすら支えられ続け、現場の息遣いを感じながら、変容を探しては認め、探しては認め、ひたすら旗を振り続けることだけをしてきました。みんなのがんばりが私にとって、いつだって勇気だったし、希望でした。学校は日々、本当にいろいろなことが起きます。ここに書けないことの方が断然多く、しんどさや気持ちのやり場がないようなことの方が、うれしいことより多かったかもしれません。この波に乗り切れずにいた人も、救いきれなかった子どもたちもいたと思います。誰一人取り残さないというのは、そう簡単なことではないです。

完璧な、絶対的な、教育方法は存在しません。それでも、時代の変化の風を感じながら、どうしたら今、目の前にいる子どもたち一人ひとりを、昨日より今日、今日より明日、少しでも伸ばしていくことができるのか、学ぶ楽しさを感じてもらえるのか、そして、子どもたちの「今」も「未来」も幸せにできるのか、それを考え続け、よりよく変わり続けていくことが、教育に携わる人の使命だと思っています。

子どもたちは、もうとっくに個人戦では生きられない世界になっていることに気づいています。私たち大人も、個人戦はしんどい。一人でスーパーマンにはなれない。

青臭い理想かもしれないけど、加賀市のみんなが、そして思い同じをもつ全国の教育現場の皆さんが、これからも団体戦を繰り広げて、みんなで変わり続けることができたら、きっと子どもたちの〝BE THE PLAYER〟は全国各地で実現していくのだと思います。

BE THE PLAYER
自分で考え　動く　生み出す　そして社会を変える

そんな子どもたちであふれていくことを心から願っています。

今回の書籍化にあたり、超短期スケジュールにもかかわらず、絶妙なキャッチボールをしながら、多大なるご尽力をいただいた教育開発研究所の岡本淳之さん、本当にありがとうございました。私の思いを何よりも大切にしていただけたこと、心から感謝の気持ちでいっぱいです。

最後に、教育現場で奮闘するすべての方と未来ある子どもたちに心からのリスペクトを込めて、本書を閉じたいと思います。

最後までお読みいただいた皆さま、本当にありがとうございました。

〈参考・引用文献〉

由井真波『動機のデザイン』ビー・エヌ・エヌ、2022年
西山圭太『DXの思考法』文藝春秋、2021年
山崎史郎『人口戦略法案』日本経済新聞出版、2021年
冨山和彦『ホワイトカラー消滅　私たちは働き方をどう変えるべきか』NHK出版新書、2024年
リンダ・グラットン、アンドリュー・スコット『LIFE SHIFT　100年時代の人生戦略』東洋経済新報社、2016年
原野守弘『ビジネスパーソンのためのクリエイティブ入門』クロスメディア・パブリッシング、2021年
マシュー・サイド『失敗の科学』ディスカヴァー・トゥエンティワン、2016年
ピーター・M・センゲ『学習する組織』英治出版、2011年
斉藤徹『だから僕たちは、組織を変えていける』クロスメディア・パブリッシング、2021年
Marvin Minsky著、Cynthia Solomon、Xiao Xiao編『創造する心　これからの教育に必要なこと』オライリー・ジャパン、2020年
いしかわゆき『書く習慣』クロスメディア・パブリッシング、2021年
今井むつみ『「何回説明しても伝わらない」はなぜ起こるのか？』日経BP、2024年
原田秀司『UIデザイン必携』翔泳社、2022年
遠藤大輔『デザイン、学びのしくみ』ビー・エヌ・エヌ、2023年
鈴木宏昭『私たちはどう学んでいるのか　創発から見る認知の変化』ちくまプリマー新書、2022年

前田康裕『まんがで知るデジタルの学び3』さくら社、2024年
今村久美『NPOカタリバがみんなと作った　不登校親子のための教科書』ダイヤモンド社、2023年
三木崇弘『凸凹のためのおとなのこころがまえ』講談社、2023年
奈須正裕『個別最適な学びと協働的な学び』東洋館出版社、2021年
苫野一徳『「学校」をつくり直す』河出新書、2019年
山口裕也『教育は変えられる』講談社現代新書、2021年
村中直人『ラーニングダイバーシティの夜明け』日本評論社、2024年
安藤寿康『教育は遺伝に勝てるか?』朝日新書、2023年
ingectar-e『けっきょく、よはく。』ソシム、2018年
ingectar-e『3色だけでセンスのいい色』インプレス、2020年
千田絵美『広報・PRのアプローチ攻略術』自由国民社、2024年

〈初出〉
「第1章　Project 3「未来は自分で創る」の一部は、特定非営利活動法人みんなのコード編『学校の生成AI実践ガイド　先生も子どもたちも創造的に学ぶために』(学事出版、2023年)を加筆修正

文部科学省「令和5年度地方教育費調査(令和4会計年度)の中間報告」
https://www.mext.go.jp/content/20240621-mxt_chousa01-000036633_1.pdf
総合科学技術・イノベーション会議「Society 5.0の実現に向けた教育・人材育成に関する政策パッケージ」

（2022年6月2日）
https://www8.cao.go.jp/cstp/tyousakai/kyouikujinzai/saishu_print.pdf
中央教育審議会「令和の日本型学校教育」の構築を目指して～全ての子供たちの可能性を引き出す、個別最適な学びと、協働的な学びの実現～（答申）
（令和3年1月26日）
https://www.mext.go.jp/content/20210126-mxt_syoto02-000012321_2-4.pdf
NITS戦略～新たな学びへ～（令和4年7月）　独立行政法人教職員支援機構
https://www.nits.go.jp/about/strategy/files/index_NITSstrategy_202404_001.pdf
認定NPO法人カタリバ「不登校に関する子どもと保護者向けの実態調査」
https://www.katariba.or.jp/wp-content/uploads/2023/12/67c7fad3a1d8c72e953dced9e156976b-1.pdf
経済産業省中小企業庁「経営力再構築伴走支援の全国展開」（令和4年7月）
https://www.meti.go.jp/shingikai/sankoshin/keieiryoku_kojo/pdf/006_01_00.pdf
一般社団法人ScTN　ホームページ
https://sctn.jp/
文部科学省「令和5年度大学入学者選抜の実態の把握及び分析等に関する調査研究」に見る総合型選抜導入実態(概要)
https://www.mext.go.jp/content/20240426-mxt_daigakuc01-000035712_4.pdf

[著者紹介]
島谷千春
しまたに・ちはる
加賀市教育委員会教育長（2022年10月～2025年３月）

1981年横浜市出身。
教職を目指しながらも学校を支える側になろうと、2005年に文部科学省へ入省。初等中等教育、研究振興、国際関係などを幅広く担当。2017年より横浜市教育委員会へ出向し、教育振興基本計画策定や学校の働き方改革、教育・福祉連携などの業務に従事。2021年より内閣府科学技術・イノベーション推進事務局にて、「Society 5.0の実現に向けた教育・人材育成に関する政策パッケージ」のとりまとめやスタートアップ事業に携わる。2022年10月に加賀市教育長に就任。小学生・高校生男児２人の母。

BE THE PLAYER
――自治体丸ごと学びを変える、加賀市の挑戦

2025年３月28日　第１刷発行
2025年５月１日　第２刷発行

著　者	島谷 千春
発行者	福山 孝弘
発行所	株式会社 教育開発研究所 〒113-0033　東京都文京区本郷2-15-13 TEL 03-3815-7041／FAX 03-3816-2488 https://www.kyouiku-kaihatu.co.jp
装幀デザイン	上坊 菜々子
カバーイラスト	どいせな
デザイン＆ＤＴＰ	しとふデザイン（shi to fu design）
印刷所	中央精版印刷株式会社
編集担当	岡本 淳之

ISBN 978-4-86560- 604-1
落丁・乱丁本はお取り替えいたします。定価はカバーに表示してあります。